营造

和谐家庭

编著

少林木子　晓　玲

金盾出版社

内 容 提 要

现代社会生活给家庭带来了诸多冲击与考验。本书对当今家庭成员之间的相互关系及其面对的诸如关爱、情爱、性爱、外遇、离异等方面的敏感问题，给予了率真的剖析与回答。既有现代心理学知识的运用，又有实际生活经验的介绍以及婚姻个案的透视与诊治，为婚后爱情的拓展、延续和营造和谐美满的家庭提供了帮助与指导。

图书在版编目(CIP)数据

营造和谐家庭/少林木子，晓玲编著. —北京：金盾出版社，2005.9
(家庭社会学丛书)
ISBN 978-7-5082-3719-0

Ⅰ.营… Ⅱ.①少…②晓… Ⅲ.家庭生活-研究 Ⅳ.C913.11

中国版本图书馆 CIP 数据核字(2005)第 081078 号

金盾出版社出版、总发行
北京太平路 5 号(地铁万寿路站往南)
邮政编码：100036 电话：68214039 83219215
传真：68276683 网址：www.jdcbs.cn
封面印刷：北京 2207 工厂
正文印刷：北京四环科技印刷厂
装订：海波装订厂
各地新华书店经销
开本：850×1168 1/32 印张：7.125 字数：153 千字
2009 年 4 月第 1 版第 3 次印刷
印数：23001—53000 册 定价：11.50 元

前言

自从人类进入文明社会,就有了家庭。家庭是以婚姻和血统关系为基础构成的共同生活组织。它是社会生活的基本单位,是社会的细胞。显然,家庭与婚姻是密不可分的,婚姻是家庭的纽带。

几千年来,家庭的性质、职能、形式、结构以及与之相联系的道德观念,随着生产方式的变革而不断变化。在当今社会中,夫妻平等、互爱互敬、相互帮助、养老育幼,虽然仍不失为家庭的传统美德,但也受到现代生活的冲击与考验,不少家庭中出现了诸如关爱、情爱、性爱、婚外情、离异、再婚、婚适调节等方面的新情况、新问题。本书从现实生活出发,在大量调查研究的基础上,运用现代心理学的知识和广泛的社会生活经验,生动而通俗地告诉人们应如何做个好丈夫、好妻子;如何面对爱吃醋的或不会过日子

的妻子；夫妻性生活有哪些禁忌，应如何调适；制约婚姻幸福的要素有哪些；夫妻间致命的隐患是什么；夫妻恩爱的妙诀是什么等等。可以帮助人们解除难言之隐，增加生活情趣，协调夫妻关系，提高生活质量。同时从7个方面对夫妻关系中的22种疑难问题，对症下药地进行了特殊的诊治。比如：男方或女方有了外遇怎么办？老夫少妻步调不一怎么办？教育子女夫妻观点不一怎么办？丈夫与女同事发生了暧昧关系怎么办？女方失身隐瞒了丈夫怎么办？夫妻退休相处不和怎么办？不同民族习惯的夫妻"你不吃猪肉，我不念经"怎么办等等，这些都给实际生活中遇到不同困难的人们提供了有益的借鉴、帮助和指导。

构建和谐社会，离不开营造和谐美满幸福的家庭。家庭问题既是一个复杂的社会问题，又有千差万别的个体特殊性。我们应该从一个个家庭做起，从夫妻关系中的一个个具体问题入手，使婚后的爱情得以延伸、拓展和升华，以便营造一个永不枯竭的夫妻恩爱、家庭幸福美满的春天。

少林木子

2005年夏·北京十八里店897号

目　录

1★　上篇　家庭合约

1●　第一章　围城铁律

婚姻是家庭的纽带。家庭是社会的细胞。

每个家庭都有自己的生活空间和运行规律，其中夫妻恩爱始终是主旋律。夫妻相爱，同时也受父子、婆媳、姑嫂、兄弟等因素和环境的影响，夫妻必须善于去感觉、体验、摸索和营造，使爱情得以延续、拓展和升华，办法和策略当然属于你……

1▲　幸福和谐的主旋律

1■　妻贤夫祸少

4■　父慈子孝

6■　婆媳互爱

10■　姑嫂相亲

14■　兄弟情重

16▲　做个好妻子

16■　忠实于丈夫

24■　与特殊的丈夫相处

27■ 让爱充满小屋
32▲ **做个好丈夫**
32■ 面对怀孕的妻子
35■ 面对不能生育的妻子
36■ 面对爱唠叨的妻子
38■ 面对爱吃“醋”的妻子
40■ 面对不会“过日子”的妻子
42■ 面对不孝敬老人的妻子
45■ 面对“女强人”妻子
47▲ **轻弹“性”福小曲**
48■ 季节调节
49■ 丈夫性生活禁忌
51■ 妻子性生活禁忌
53■ 和谐的性生活
55■ 丈夫的疑虑
57■ 夫妻性生活的调适
59■ 洞悉爱人的内心世界
63● **第二章 围城曲径**

一首志同道合的歌，一曲琴瑟和谐的谱。

受时尚的影响，追求阳春白雪，曲调失和别扭。这不能怪妻子的歌不新，也不能怪丈夫的曲太旧，这是生活给我们出了一道难题。既然已经相互选择，就必须面对。千头万绪，鸡毛蒜皮，斩不断，理还乱……

63▲ **制约婚姻幸福的七大因素**
63■ 婚礼的丰俭

66■　夫妻年龄的差异
68■　恋爱时间的长短
69■　结婚年龄的大小
70■　结合方式的同异
72■　个性的差异
73■　事业的成败
74▲　**夫妻间致命的六条隐患**
74■　感觉出了错误
75■　个性失调
76■　孩子成为家庭的隐患
77■　维持破裂的婚姻
77■　婚外恋
81■　经济所带来的危害
82▲　**外遇，红灯闪闪**
82■　男人的外遇
84■　女人的外遇
86■　外遇的预防
90■　外遇的处理
92■　丈夫“不回头”，妻子怎么办

95● **第三章　爱的艺术**

婚姻不只是四条腿睡在一张床上，而是要两颗心变成一颗心，填在两个腔子里。

夫妻的存在，并不一定是永恒的激情，更多的是彼此的责任和依托：患难与共，风雨同行……

95■　爱，需要沟通、体贴
97■　爱，需要阳光水分

98■ 爱，就是关心、信任
99■ 爱，就是付出、理解
101■ 面对这样的“爱”
102■ 妻子只要这样做……
104■ 丈夫只要这么做……
106■ 越“吵”爱越深
109■ 相爱贵在相处
111■ 毛病出在这里
114■ 做好夫，做好妻
115■ 驱散乌云见太阳
118■ 爱孩子，更要爱丈夫
120■ 面对富裕后的冲突
123● 第四章 琴瑟锦囊

有人问：“你认为夫妻之间应该怎样相处？”我说：“要敬而爱。互相尊重，彼此体贴，就是敬；互相温存，彼此专一，就是爱……”

123■ 幸福婚姻“六互”
130■ 夫妻恩爱“七要”
137★ 下篇 个案解疑
137● 第五章 夫妻本身因素问题

夫妻本身因素不仅会左右个人的心理与行为，还会直接或间接地影响婚后的夫妻关系及婚姻关系。

137■ 个案一 婚后没有兴趣的妻子
139■ 个案二 嗜酒如命的丈夫

142● 第六章　夫妻之间的适应问题

有些婚姻问题并不是夫妻主要有“个人性”的心理或行为问题，而是他们两人如何相处、交往或扮演适当的角色的问题。他们在外可以做事，结交朋友，但是在家里却不容易以“夫妻”的关系与配偶相处，发生婚姻适应上的困难。

142■ 个案三　妻子整洁　丈夫随便
146■ 个案四　时时争吵，各不相让
150■ 个案五　丈夫唠唠叨叨　妻子紧张发作
153■ 个案六　老夫少妻　步调不一

157● 第七章　跟父母有关的夫妻问题

虽然夫妇的生活是以夫妻的婚姻关系为中心，但与双方父母也密切相关。不管自己的父母是否还健在，是否居住在一起，父母的关系会直接或间接地影响到夫妻关系与婚姻生活。

157■ 个案七　当初父母反对　如今婆媳无奈
161■ 个案八　双方父母难兼顾　小夫妻左右为难

165■ 个案九　丈夫只顾孝母　妻儿冷落一旁

169● 第八章　与子女有关的问题

有些夫妻相处时，一牵涉到自己子女的事，就开始动感情，甚至吵闹，这可以说是与养育子女有关的婚姻问题。这种性质

的婚姻问题往往是阶段性的，随着子女长到某阶段后，这种问题就会自然消失。

169■ 个案十 教育子女 夫妻观点不一
173■ 个案十一 妻子袒护儿子 丈夫“气”壮山河
178■ 个案十二 夫妻一家 各自为阵
181● 第九章 发展中的适应问题

夫妻关系是按阶段性的发展而逐步适应的。从男女相互认识到结婚，婚后从生育、抚养、教育子女，到子女长大成家、夫妻退休为止，都有不同阶段的心理课题需要去完成。有些夫妻某个阶段还可以相处，到了另一个阶段，就不容易适应，可以说这是发展阶段上必然会遇到的问题。

181■ 个案十三 婴儿呱呱坠地 妻子负重忧郁
183■ 个案十四 孩儿夭折 夫妻失掉重心
186■ 个案十五 丧偶离婚 夫(妻)再婚
190■ 个案十六 夫妻退休 相处不和
195● 第十章 婚外情问题

平淡无奇的生活日复一日地延续下去，人们就会萌生寻求激情的欲念，出现婚外恋的现象也就不足为奇了。不知是幸运还是不幸，男人在自己的工作单位里，时常会有年轻貌美的女性萦绕左右，对她们的挑逗行为，男人很难无动于衷。

195■ 个案十七 丈夫与女同事关系

暧昧
198■ 个案十八 失身而未告诉丈夫
200■ 个案十九 叫丈夫和情妇做检讨
202■ 个案二十 与女职员发生情感的丈夫
207● 第十一章 民族与涉外问题

严格说来，每对夫妇都有彼此间的差异，婚后都会面临一个相互调节与适应的问题。夫妻之间，只要大体上协调，有点小的差异，可以互相弥补，反而有好处。如果差距很大，就会发生相处上的困难。假如夫妻属于不同的民族或文化背景，有不同的信仰和习俗，有不同的价值观念和民族认同，就可能会带来较大的麻烦，这就需要下功夫去解决。

207■ 个案二十一 你不吃猪肉、我不念经的夫妻
209■ 个案二十二 后悔嫁给美国丈夫的妻子

插图　钟鸣　陈允涛

上篇　家庭合约

第一章　围城铁律

婚姻是家庭的纽带。家庭是社会的细胞。

每个家庭都有自己的生活空间和运行规律，其中夫妻恩爱始终是主旋律。夫妻相爱，同时也受父子、婆媳、姑嫂、兄弟等因素和环境的影响，夫妻必须善于去感觉、体验、摸索和营造，使爱情得以延续、拓展和升华，办法和策略当然属于你……

幸福和谐的主旋律

妻贤夫祸少

中国有句俗语，叫“妻贤夫祸少”，是说妻子贤能，可以帮助丈夫端正行为，驱祸避害。有些做丈夫的在事业发达之前，往往较容易接受妻子的建议和忠告；一旦事业成功了，社会地位变了，就会不知不觉地轻视妻子的意见，这时说不定“一失足成千古恨”的悲剧正等着他去扮演主角呢。

为丈夫当好事业、生活的参谋，这是做妻子义不容辞的责任。俗话说：“丈夫的命运决定妻子的命运。”又说：“嫁鸡随鸡，嫁狗随狗。”这两句话都道出了夫妻的利益和命运密切相关。因此，妻子应该想方设法当好这个参谋。首先，妻子对丈夫思想、感情上的变化最为了解，可以及时地发现问题，提出意见；其次，妻子对丈夫事业上的利益、工作上的利益、社交上的利益把握得最为准确，知道如何行事对丈夫最为有利；再次，凭着女人特有的敏感和细心，丈夫考虑问题时，妻子可以为他拾遗补缺。因为妻子思想方法上的长处，正是一般只擅长从大处着眼考虑问题的丈夫的短处。

妻子要当好丈夫的参谋，还必须注意：

向丈夫进忠告时必须“晓之以理，动之以情”。即一定要把自己意见的论据、推理过程、结论详细地告诉丈夫，让他听后口服心服。如果丈夫不服，应该引导他把不服的理由说出来，这样，经过争辩之后的服从才不容易发生“倒戈”。此外，对丈夫的忠告要充满感情，这种带有感情色彩的忠告，做丈夫的往往比较容易接受。

丈夫的某些不良思想倾向和行为习惯，往往是“冰冻三尺，非一日之寒”，单靠妻子的一夜长谈往往不能从根本上解决问题。这时，妻子应该有“锲而不舍”的精神：看到丈夫有进步，就及时给予肯定和鼓励；看到丈夫“旧病复发”，就反复劝诫。只要丈夫的天良未泯，尚有向善之心，而妻子进忠告的方式又正确，那么“精诚所至，金石为开”，终究只是个时间早晚的问题。

要注意给丈夫的“弃恶从善”创造一个有利的家庭环境，促进丈夫的“自我控制”。譬如，丈夫嗜赌，在妻子的劝告下已有戒赌的决心，但他那帮赌友还是经常来拉他入伙。这时，做妻子的就应该设法减少乃至断绝丈夫同赌友的交往，引导丈夫转向或者培养起一种对高尚娱乐的爱好，或者多同与“赌”无缘的朋友交往，以填补戒赌之后在闲暇时和精神上留下的空白。当然，这些方法是消极的，关键还在于丈夫自身的“免疫力”（或叫做“自我控制力”）。

在任何时候向丈夫进忠告，都不要忘了给他的“大男子主义”留一块小小的领地，哪怕是象征性的也好。这样做倒不是迁就丈夫，而是尊重丈夫自尊心的另一种表现方式。因为，即使个性不强的丈夫，他的自尊心也是不容侵犯的，所以，在这一点上，妻子还是宽松一些为好。

父慈子孝

父母与子女的关系，是家庭关系的重要组成部分。就血缘关系而言，父母与子女是最亲的亲人。子女的生命，是父母造就的。按照古人的观念，子女的精、骨得之于父，子女的血、肉得之于母，父母在造就子女血肉之躯的同时，也使自己的生命在子女的身上得到了空间上的拓展和时间上的延伸。这种天然的血缘关系，是父母与子女骨肉亲情的基础。但血缘关系不是维持骨肉亲情的惟一纽带。

"知子莫若父"，这句话最早是春秋时管子说的，在当今社会，如果哪一位父亲对这句格言过分相信，那他就会成为儿子心目中"自以为是"甚至"不可亲、不可敬"的父亲。

从某种意义上说，了解一个人是不容易的；同样，要真正了解与自己关系最为密切的子女，也是不容易的。父母与子女，骨肉之情再浓，但毕竟是两代人，他们各自不同乃至很不同的社会环境、人生阅历、生理和心理特点、道德标准等等都会在这两代人之间造成隔膜。当子女年纪尚幼时，一般说来，都比较容易接受父母的意见和意志，因为这时他们的智力和体力尚未充分发育。随着子女日渐长大成人，家庭中的"代沟"便会加深，特别是当子女在智力和体力上都赶上甚至超过父母时，他们独立的意识就会越来越强烈地表现出来。他们会反对父母向他们提出的要求，也会蔑视父母奉若神明的某些处世哲学、伦理道德；更会经常提出一些父母无法接受的"惊世骇俗"的见解。这时，作为一个现代社会的父母，应该意识到自己的子女正处于人生的一个重要时期，切不可视其为对父母的不尊敬。既然子女将由孩子变成大人，那么，做父母的对子女的态度也应有所变化。如果说，对未成年的子女，父母主要是通过教育和引导来实现，那么对即将成年和已经成年的子女，父母就只能通过商量、劝诫的方式来影响子女。

对于未成年的子女，父母的责任主要体现在抚养和教育上。这时，父母在子女心目中的“权威地位”应该确立，但确立的方法要注意，切不可借助打骂和训斥的手段。在当今社会，父母同子女应该具有新型的平等关系。子女对父母的感情是“敬服”而不是“敬畏”。显而易见，现代的父母比古代的父母难当得多了。要子女畏怕并不难，任何父母都可以通过训斥或肉体惩罚使子女表面上服从自己，但这仅仅是“口服”；而要子女“心服”却困难得多了，这就要求父母时时处处以身作则，用自己的人格来感化子女，经过潜移默化的长期过程，才能使子女真正“心服”。口服是表面的，心服是内在的；口服生厌、生恶，心服生敬、生爱；口服是易变的，心服则趋于稳定。

当孩子步入成年以后，他们的生理和心理都会发生很明显的变化，这些变化往往使父母和子女的关系在一个时期内变得很不和谐。对于大多数的家庭来说，这个“动荡的”过渡时期都会很平稳地过去，但对有些家庭来说，由于作父母的没有及时、正确地调整“为父（母）之道”，以致在以后的生活中给两代人的关系留下阴影。

做父母的没有不爱自己的子女的。既然子女长大了，那么父母爱子女的方式也应随之改变。在成年子女面前，父母如果还是像对小孩那样，或者耳提面命，不注意维护其自尊心；或者“越组代庖”，时时处处为子女的生活、前程设想得无微不至，这样的父母自以为“舐犊情深”，其实子女未必领他们的情。如果做父母的总是有意、无意地挫伤成年子女的自尊心，那么子女与父母之间的隔阂就会不断加深；如果做父母的总是像老母鸡护小鸡那样护着他们的孩子，那么，他们的子女日后会因此而缺乏在生活的海洋中搏击的勇气和能力，到那时，子女会掉过头来抱怨他们的父母。

“知子莫若父，知女莫若母”。把这句话视作真理是错误的，但如果把它视作每一个父母理解子女时应该达到的标准，无疑是正确的。作父母的惟有对子女的各方面有深刻的、准确的认识，方能名副其实地爱自己的子女，并能对子女的人生提出有益的建议。

婆媳互爱

婆媳关系是家庭中最难处理的关系，婆媳矛盾则是一个令清官也为之发愁的难题。在一个“主干家庭”中（即由祖父母、父母、子女组成的家庭），如果不算第三代，那么家庭中可能存在五种关系，即夫妻关系（包括两代夫妻）、父子关系、母子关系、公媳关系、婆媳关系。其中，夫妻之间由于利益相同，且由于爱情和长期在一起生活而产生的感情的关系，一般不会发生剧烈的冲突；父子和母子由于有血缘这根强有力的纽带的联系，即使产生了某些矛盾，也会因血缘联系的影响而较容易的在互相谅解之中消除；公媳之间没有血缘的联系，公公与媳妇一般接触较少，而且各自在家庭中承担着互不相干的“责任”；惟有婆媳之间，既无血缘的纽带，又无感情的保障，在相近的家务中摩擦较多，一旦出现隔阂，产生矛盾，往往呈现出激化的趋势。

婆媳矛盾之所以会易于激化，还有其他各方面的原因。

在婆媳矛盾的背后，还隐伏着母子之爱和夫妻之爱的竞争，这种竞争往往是无意识的竞争，事实上却是婆媳矛盾激化的一个很重要的因素。为人之初，仅知有父母之爱。父母为了把子女抚育成人，付出了大量的心血，倾注了大量的爱。一般说来，到成家之前，儿子总是把母亲视为自己最亲的亲人。但是，一旦儿子结了婚，组建了自己的家庭，开始感受到夫妻之爱，这时，母子之爱便自然而然地降至次要的地位，儿子新家庭的利益不可避免地放到了他原来家庭的利益之前；而且，儿子在生活中遇到了什么问题，首先关心他的总是媳妇，而儿子也总是把生活中的酸甜苦辣更多地、更主动地向媳妇倾吐，把媳妇视为“第一参谋”。这时，做母亲的便会感到感情上受到了冷落，加上儿子成家以后同自己的接触较以前大为减少，做母亲的如果不体谅，便会埋怨儿子“娶了媳妇忘了娘”，而把一肚子的怨气一股脑儿全倾泻在媳妇身上。因此，做母亲的要有“宰相肚里能撑船”的气度，看到儿子和媳妇相亲相爱，齐心持家，应该为之感到高兴，切不可妄生被冷落之感和疑忌之心。母亲为子女的成长付出了千辛万苦，难道不正是为了他们的一生能够幸福吗？既然小夫妻俩琴瑟和鸣，做母亲的何必还要垄断儿子的感情，导致小夫妻不和呢？这样不是给伟大的母爱蒙上了一层自私的阴影吗？另一方面，作为儿媳妇，不要只顾尽情地陶醉在夫妻恩爱之中，还要理解老人的爱子之心；不仅要关心丈夫的饮食起居，而且还要主动、耐心、精心、细心地关心婆婆的生活，提醒丈夫经常去看望、问候母亲，使婆婆真正感到媳妇和儿子一样，是爱自己、关心自己的，这样，婆媳关系就容易处理好，即使有些隔阂，也容易消除。

婆媳之间容易滋生矛盾的另一个原因是，婆婆和媳妇都是女性，在家庭中所司的职责相同，二者都是家庭主妇，掌管家庭的内政，在经济开支的安排、家务劳动的安排、孩子的家庭教育等问题上往往会因意见相左而发生不愉快。之所以会产生这种情况，是因为媳妇与婆婆原先是生活在两个毫不相干的家庭中，娘家的生活习惯、文化背景、价值标准与婆家的可能相差很大。初进婆家之门，如果一切按娘家的老规矩行事，便往往不合婆婆的心意。反之，如果媳妇一切以娘家的老规矩为评判事情的标准，便会对婆婆的处事态度和方式处处看不顺眼。要避免这一对矛盾，关键还是要相互适应、相互包容。做媳妇的进了婆家，就得尊重婆家的生活习惯，虚心学习婆婆几十年的生活实践积累下来的理家经验。不要进门不久，就说婆婆这也做得不好，那也做得不对；这也不该这么做，那也不该那么办，好像这家里只有她一个人才是精明强干的主妇。当今，虽说婆婆与媳妇的关系是平等的，不存在所谓的“婆母特权”，但做媳妇的还是应该在处理家庭事务时尊重婆婆的意见，即使明知自己的意见或方法比婆婆的高明，也要用婉转的口气，在适当的场合，用恰到好处的方式，同婆婆进行商量；如果一时说不通，也不必急躁，操之过急往往会把事情弄糟，而应该采取“迂回”战术，在日后的某一个更为有利的时机，再用自己的意见去影响婆婆，使她在不知不觉之中改变原先的理家方式。另一方面，对做婆婆的来说，也不要对自己多年来形成的那套理家模式过于自信，认为好得无可挑剔。俗话说："尺有所短，寸有所长。"一位通达的、聪明的婆婆，是不会轻易放过任何一个可以向媳妇学习的机会的，这除了上述理由之外，还因为年轻人脑子灵活，反应快，更容易掌握最新的生活观念、方式和技术，做婆婆的正可以通过媳妇这座"桥梁"，紧跟上时代生活的潮流。

处理好婆媳关系，除了当事人双方的努力之外，还应注意发挥两代丈夫的作用。当婆媳矛盾处于萌芽状态时，双方的丈夫应该"导之使泻"，让她们尽量把心中的不满、委屈都倾诉出来，经过分析找出其中的"症结"，或开导、或安慰、或同情、或批评，用公正的态度促使矛盾消除在公开化之前。如果婆媳矛盾已经爆发，这时，各自的丈夫应该恪守"中立"的原则，尤其不要火上浇油，去扮演争吵中的配角，因为日后婆媳矛盾一旦缓解，公媳矛盾便会突出起来，做母亲的更会因儿子助了媳妇的一臂之力而一直耿耿于怀。在婆婆与媳妇的唇枪舌剑面前，两代丈夫最好只做一件事，就是劝——先把争吵平息，然后再慢慢地以适当的方式来讨论是非曲直。在这过程中，做儿子的尤其要注意尊重母亲的自尊，即使理亏在母亲，也要婉转地、有分寸地规劝，不要让母亲下不了台。

尽管婆媳矛盾是一个古今中外令许多家庭头痛的难题，但只要当事者本着互相信任、互相尊重、互相爱护、互相关心、互相宽容忍让的态度，加上家庭其他成员齐心协力促使其向良性的方面转化，婆婆与媳妇之间一定会产生出真诚的爱，一定能够和睦相处。

姑嫂相亲

俗话说："家和离不开姑嫂亲。"在一个家庭里，如果媳妇与大姑吵架，与小姑斗气，这一家子就不可能生活在轻松、安宁、祥和的气氛中。我们在社会上紧张地工作了一天，忙忙碌碌，辛辛苦苦，回到家里时就希望有一个轻松温暖的环境供我们去除疲劳，调养精神。如果一到家就被卷入姑嫂纷争，那第二天怎么能以充沛的体力和精力投入工作呢？

搞好姑嫂关系有不少有利的因素。首先，姑嫂的年龄相仿，属于同时代人，因此，她们会有许多共同的想法，在许多问题上的看法容易接近；其次，姑嫂性别一致，尤其是待字闺中的大姑或小姑，有些姑娘家的秘密不便对父母说，也不便对兄弟说，只能同嫂嫂或弟媳商量；其三，嫂嫂或弟媳在婚姻的道路上领先了一步，是过来人，有许多切身的感受和新鲜的经验，大姑或小姑正好可以从中借鉴。因此，姑嫂关系不仅应该搞好，而且完全可以搞好。

同时，毋庸讳言，姑嫂关系也常存在着一些“先天不足”的因素。首先，姑嫂在两个不同的家庭里成长、生活，气质、习惯上都会有很大的差异。嫂嫂同哥哥情投意合，并非等于同小姑在性格上也合得来。其次，姑嫂在各自的心理上都会有一种戒备的心态。一是做嫂嫂的往往会有意无意地把小姑视为外人，因为小姑迟早要出嫁，要成为另一个家庭的成员；而做小姑的则会下意识地把嫂嫂视为外人，因为嫂嫂来自另一个家庭，她有自己的父母和兄弟姐妹。二是做嫂嫂的总感到婆家不如娘家好，他们一家子是骨肉至亲而自己是外来人；而做小姑的则认为自己反正要出嫁，这个家迟早是兄嫂一统的天下。双方都存在着这种说不清是嫉妒还是戒备的心理，于是姑嫂关系便趋于紧张了。嫂嫂同哥哥夫唱妇随，情意笃厚，小姑就会看不惯，认为嫂嫂涣散了哥哥同母亲和她的骨肉亲情，于是，对嫂嫂的一切言行看不顺眼，听不顺耳；有时有些事明明可以而且应该让哥哥和嫂嫂知道或参与讨论，却偏偏要藏着躲着，人为地制造矛盾。另一方面，小姑同婆婆关系很亲密，做嫂嫂的也会疑神疑鬼，在脑海里产生小姑和婆婆联合起来对付自己的幻觉；有时，小姑对家务事发表了较多的意见，嫂嫂则会不舒服，感到小姑的做法有“喧宾夺主”之嫌。

对小姑来说，她自幼生长在这个家庭，对家庭的生活模式是适应的，她的性格和习惯一般都能为家庭的其他成员所理解和谅解，因此，相对于嫂嫂来说，小姑是生活在一个熟悉、友善、“左右逢源”的家庭中；而嫂嫂却不同，她是家庭中的新人，其他成员同她既没有血缘联系，又对她的性格和思想没有深入的了解，她自己也对婆家的生活模式短时期内无法适应，因此，相对于小姑来说，嫂嫂是生活在一个陌生的“碍手碍脚”的家庭。正因为如此，做小姑的就应该理解嫂嫂的处境和心境，不仅要以礼相待，而且要对嫂嫂的缺点和过失采取宽容的态度，帮助嫂嫂适应婆家的生活，并尽力让家中的其他成员了解嫂嫂，也让嫂嫂了解家庭中的其他成员。

小姑还应成为沟通、融洽婆媳关系的桥梁。嫂嫂不了解母亲的性格和生活习惯，小姑理应主动介绍、解释；母亲同嫂嫂发生了不愉快的事，小姑应该从中周旋，缓解矛盾，尽量不要让不愉快的事在双方的心灵上留下阴影。平时，小姑应该注意，在母亲面前尽量不要说嫂嫂的坏话，多说嫂嫂的长处，因为，对于母亲来说，女儿对嫂子的评价比儿子对媳妇的评价更能对她产生影响，小姑有责任促进嫂嫂和母亲的亲密关系。

嫂子进门之前，家庭中母子之间、兄妹之间的接触、交流、商量的机会较多。儿子有什么事拿不定主意，或者遇上了烦恼的事，便会向母亲求教，也会找妹妹商量。嫂子进门之后，哥哥遇到了麻烦，一般来说首先想到的是去找妻子商量，并且，哥哥的情感也会发生一定程度的转移。这种现象是正常的，或者说是人之常情。做小姑的对此应该有正确的认识，千万不要毫无根据地迁怒于嫂嫂。兄嫂琴瑟和鸣，生活得如鱼得水，正是做妹妹的期望，岂有因此而不高兴之理？

再说做嫂嫂的，如果她真心诚意地想搞好姑嫂关系，必须做的事也不少。

作为媳妇，面对婆婆对自己和小姑的“疏此亲彼”要看得开，采取谅解的态度，千万不能看在眼里，记在心里，一有机会便添油加醋地抖落出来。须知婆婆对女儿比对媳妇更亲热一点，这也是人之常情，并没有什么错。如果媳妇因此忌恨小姑，那只会把婆媳、姑嫂关系搞糟，结果最倒霉的只会是她自己。一位明智的媳妇，面对婆婆倾斜的感情天平，应该用真诚的行动来有力地证明自己是这个家庭中可以信赖的一员，她的利益同整个家庭的利益紧紧地联系在一起，她对家庭中的所有成员都充满了诚挚的爱。这样，天长日久，潜移默化，婆婆的感情天平就会开始朝媳妇这边倾斜的。

做嫂嫂的要有气度。俗话说："嫂长一辈"，就是说做嫂嫂的是独立的大人，而待字闺中的小姑或尚未娶亲的小叔毕竟还是尚未飞出巢的"雏鹰"。因此，嫂嫂对于小姑的某些任性行为、不良习惯，要能够宽容、谅解；即使小姑一时性起，言语中冲撞了自己，使自己一时下不了台，事后也不要记恨，因为小姑的一时失态，很可能是有原因的；也许她那天正好在公司里挨了上司的训斥，心里很委屈，回家后便找机会发泄；或者，她的恋人昨天晚上同她闹了别扭，爱情的航船一时搁浅了，怨恨、后悔、焦急、烦躁等复杂的情感交织在一起，使她的理智在某一刹那失去了控制；要么就是那天身体不舒服，身体上的因素直接影响了她的情绪。

兄妹争吵，做嫂嫂的要态度公正，如果道理显然不在丈夫这边，做妻子的应该公开批评丈夫，并向小姑赔礼；如果事情的责任主要在小姑一边，做嫂嫂的也不要当场批评小姑，而要在事后调解。如果责任双方各半，那么做嫂嫂的就应该多说丈夫的不是，少说小姑的不对。

在家庭中，姑嫂关系并不是孤立的，它是同婆媳关系、母女关系、兄妹关系、母子关系、夫妻关系联系在一起的。既有联系，更有影响，因此，姑嫂关系处理得不好，就会对上述种种关系产生不良影响，反之，则会增进全家的和谐气氛。同时，姑嫂关系的好坏，也受着其他关系的制约，因此，要搞好姑嫂关系，也有赖于家庭其他成员的配合和促进。

兄弟情重

中国人说，“凡今之人，莫如兄弟”；西方人则说，“血总是浓于水的”。这些论断之所以一直被人引用，是因为这些话揭示了血缘关系的牢固性。兄弟两人打架，打得鼻青脸肿，但过了几个月甚至几年，在父母、亲友的调解下，或者看在自幼“食则同案，衣则传服”的情分上，两人尽弃前嫌，依然和好如初，这种事例经常可见。反之，朋友之间发生争吵，虽说是“君子动口不

动手”，但要“和好如初”却几乎不可能。之所以会有这种区别，根本原因是血缘关系比其他的社会关系更为牢固。但是如果兄弟之间的利益冲突很大，那么事后兄弟两人也可能就此“老死不相

往来”了；如果兄弟之间的利益冲突是为了争夺皇位，那是另一回事，至少一方会把骨肉亲情抛至九霄云外，必欲置对方于死地而后快。中国历史上著名的“煮豆燃萁”和“斗粟尺布”的故事，再典型不过地说明了牢固的血缘关系必须以根本利益基本一致为前提的道理。

谦让是为弟的表率，谦让是为兄的楷模，这种谦让的精神，推而广之，是一个城市、一个社会、一个国家，乃至整个世界和睦相处的基本要素。骨肉之间尚不能互相谦让的兄弟或姐妹，怎么能想象他们会在社会上对同学、同事、同胞谦让呢？一个遇事不能谦让的人，在任何的社会团体中都是不受欢迎的。因此，为了在这个充满着矛盾的社会上安身立命，每个人都应该培养自己的谦让精神，从家庭中做起，从同胞骨肉身上做起。

兄弟之间矛盾的激化，从时间上来说，大多发生在兄弟们各自成婚之后。婚前和婚后，兄弟关系表现出不同的特点：婚前，兄弟们围绕着“父母”这个家庭中心，各方面的利益基本一致，而且，热爱父母的共同心态使兄弟自然亲密；婚后，兄弟们“各妻其妻，子其子”，利益的中心发生了转移，于是“虽有笃厚之人”，骨肉之情“不能不少衰也”（《颜氏家训·兄弟》），导致婚后兄弟关系发生变化的另一原因是双方的妻子的影响。

总而言之，不管为兄，还是为弟，都应有自己的主心骨，兄弟情谊“不为旁人之所移”。当然，我们不能像颜之推那样，把兄弟关系比作居室，把娣姒比作专事毁坏居室的鼠、雀和风雨，因为这种旧的观念浸透着对妇女的歧视。我们所要着重指出的是，婚姻和家庭将使兄弟关系发生明显的变化，我们对于这种变化应该有正确的认识和充分的准备。

做个好妻子

忠实于丈夫

什么样的妻子才算得上好妻子？有人会说以女性之温柔、细腻、体贴，让丈夫感到温馨的才算得上好妻子。

这些可以说是一个妻子不可缺少的美德，但并不能说有了这些就一定是个好妻子。当今丈夫对妻子的要求与以往有许多不同。首先他们不喜欢百依百顺、无个性与主张的妻子；其次，他们也不喜欢似男人一样刚强、深沉、寡语、只专注自己喜好的妻子。把握以下几点，你就会获得意想不到的收获，在丈夫面前，你会永远具有新鲜感，他视你就像雾中的山峰，时隐时现，具有无穷的魅力。

●做个会听话的妻子。

有些丈夫很想把在外面的一些困扰、成就等讲给自己的妻子听，但不少妻子却不想或是不知道怎样去听。时间一久，丈夫就会对妻子表示冷漠，这个家也会因此变得死气沉沉。

所以，善于听话的妻子，不仅能够给自己的丈夫以最大的宽心和安慰，同时，她也会拥有无法估量的幸福与成功。

心理学家将妻子的这种职责视为男人的安定剂、共鸣箱和加油站。要想做一个丈夫的好听众，必须做到以下四点：

当丈夫向你叙述时，你不只是用耳朵，还要使用你美丽的眼睛、和蔼的面孔以及整个身体去听。

如果你也有事向丈夫倾吐，最好让丈夫先发泄完了，给他一些恰当的安慰，使他情绪平稳之后，再讲出你的心思。

学习问些诱导性的问题，不要对丈夫不成熟的想法提出直接的反对意见。你可以说："亲爱的，你为什么一定要这么做呢?""你不认为这样会冒更大的风险吗?"

永远不要向外人泄露丈夫的秘密。做好这一点相当重要，这是你让丈夫信任的最基本的前提。如果不为丈夫保守秘密，正在升迁中的他会一夜之间让别人占据他的位置，也会在一次鸡尾酒会后损失他的全部投资。

●使丈夫成为理想中的自我。

一位名人曾说过："每个男人事实上都是两个人，一个现实中的自己，一个理想中的自己。"所以，你嫁给一个男士，可以说是嫁给了两个男人。

作为妻子，你应当帮助丈夫成为他理想中的那个自己。当他的理想逐渐被实现时，他也就变得更加伟大。

当丈夫受到妻子的赞美，当他们听到"你真了不起，我很以你为荣，我庆幸我找到你这位好丈夫"时，几乎没有一个丈夫不心花怒放的。这会激发他更大的信心，为工作，也为家庭、为妻子、为子女去努力获得更大的成功。

要注意的是，要想使丈夫成为他理想中的人，就不要过多地去挑剔他，不要拿别的男人与他相比，更不能向丈夫说“你无论如何也不会成功”的泄气话。应当温柔地鼓励他、赞赏他、劝告他，为他打气加油。这样会使他逐步达到理想中的自我。

妻子真诚的赞美和激励，是使男人发挥最大能力的最有效方法之一。在他成功的时候，在他失意的时候，在他迷惘的时候，作为妻子你都应该这么去做。

●做一个忠实的追随者。

信心，对于一个想达到事业高峰的男子是十分重要的。很难相信一个对自己都没有信心的人会取得成功。信心来自何处？来于自己、来自环境的影响、来自亲朋好友，假如你是个已婚男子，来自妻子的信心将会使你获得意外的巨大成功。

激励丈夫成功，就是有信心的妻子们对丈夫的一种信任。她们以一种特殊的视觉与敏感，能看到丈夫身上潜在的别人看不到的特质。她们用眼睛去看，也用内心的爱去看。

当他的事业刚刚起步的时候，当他处于逆境的时候，当他失败、受挫的时候，男人需要一位异性帮助他树立起信心，这个异性就是与他朝夕相处的妻子。因为，此时他们纤弱的心在想：如果连自己的妻子都不信任自己，还会有谁信任？作为妻子，要时刻记住这句话：千万不要用“你无论如何也不会成功”这句话刺激丈夫。

●恰当处理与丈夫的女秘书的关系。

一个好的秘书应努力维护自己老板的利益，协助老板使工作得以顺利进行，做老板交待的做不完的琐事；她必须注意老板的意图，善于明察，消除老板因内政、外交不顺时产生的不良情绪。

那么，女秘书的职责对妻子来讲意味着什么呢？

一个深明大义又有远见的妻子会说：我与女秘书的职责不同，虽然她在某些方面替代了我，但是我应当为我有这么好的一位女同事而感到高兴，因为我与女秘书都有着一个共同的目的——使她的老板、我的丈夫受到全方面的关照，我们要相互合作，使他达到事业的顶峰。

如果妻子与女秘书的关系处理得不好，会搅得丈夫心神不安，影响工作和事业。作为丈夫，面对一个多疑的妻子要反反复复地解释，以免伤害她的感情；作为老板，他既要维护自己的尊严，也要照顾女秘书的面子。

但是，多数事实证明，要维持好三方的良好关系，妻子的态度更具决定性。因为，秘书为了保住自己的位置，她除了需要努力的工作外，还必须与老板所亲近的每个人保持融洽的关系。

所以，作为妻子，必须做好以下几点：

①不可傲慢、刻薄地对待女秘书。

“我是妻了，女秘书是佣人，我比她高一等。”你千万不要这么认为。要知道她是你丈夫聘来的值得高度信赖的同事，她与你一样都是在帮助一个男人走向成功。如果你常常以居高临下之势对待女秘书，就会显得你相当没有修养和风度，而你的丈夫也会因此看不起你！

②不要嫉妒女秘书漂亮的脸蛋和迷人的风采。

爱美是每个人的天性。可以说没有一个正常的男人不喜欢漂亮、迷人的女孩的。甚至有人说，一个漂亮的女孩，像一束刚刚摘下来的玫瑰花一样，可使办公室焕然一新。

女秘书漂亮、迷人，再加上得体入时的衣着，会更加光彩照人，这是她职业的需要，并不是刻意为老板一人所准备的。同是女人，作为养尊处优的太太的你应当知道，在她们美丽的外表里有一颗纤弱、自卑的心，她们很羡慕你，她们也期待结婚做太太，她们付出的劳动比主妇要艰辛得多，但她们所获得的报酬与主妇却是无法相比的。

③不要胡乱猜疑。

一些心胸狭窄的妻子常常做出一些令人惊讶的事：丈夫晚归了，回来后追问不休：是否单独与女秘书在一起？是否与女秘书一道逛不夜城？其实，丈夫正与他的同僚为一个新的计划而绞尽脑汁。丈夫带女秘书外出洽谈业务，临行前妻子再三叮嘱：瞧她那个妖样，你可得离她远一点！实际上丈夫纯粹是为了业务的需要才与女秘书一道前往，而妻子则去翻他的外套口袋、公文包，以寻找她想象中的蛛丝马迹……

这些妻子总是认为自己的丈夫很有吸引力，女秘书肯定会将他当作追求的目标。其实女秘书对老板的欣赏，或者老板对女秘书的欣赏，一般都不会动真情。如果女秘书想与老板上床，老板肯定会怀疑她的用心及对他和事业的忠诚。而老板对女秘书的好感，大多取自于社交活动中的感情投资，这已是商业界、企业界非常通用的一种实际手段了。妻子必须深明这一点：既然你真诚地爱你的丈夫，你就应当完全相信他！一天到晚多疑忌妒，只会将你的丈夫往感情破裂的边缘上推。

④不要指使女秘书为自己服务。

有些妻子认为女秘书是丈夫的雇员，自己有权利去支配她、使唤她。其实，这是一种错误的认识。要知道，她只是老板的秘书，但绝不是你的佣人！如果你要她利用休息时间去帮你做其他杂务，看在老板的面子上，她不好拒绝，但你要知道这既不是她分内的事，也不是她很愿意去做的。这样做会分散她的工作精力。女秘书所领的薪水是为公司、为老板服务的报酬，包括公务以外的业务应酬，如预订旅行中的房间，照顾老板的食宿，等等。因此，她本身的事情就很多，除非老板曾对女秘书有特别要求，作为老板的太太不应随便使唤女秘书。

⑤女秘书主动帮你做事要表示谢意

尽管妻子和女秘书直接接触的机会不多，但在漫长的生活、工作里迟早会接触的。一个灵活、多智的女秘书，会在老板在与不在的情况下，帮助其妻子做些力所能及的事情。因为，女秘书知道妻子如果在丈夫面前赞扬她，她将会得到意想不到的收获！加薪或者继续聘用都可以成为可能。

●去掉不良恶习，使家庭充满温馨。

每个人帮人做了事，都喜欢听到赞赏和致谢。女秘书也是一样。

很难想象，一个丈夫整天抑郁寡欢、闷闷不乐的家庭会是幸福与温馨的。可以说丈夫愉悦的心境、满足的感觉是家庭幸福的象征，也是维系一个稳定家庭的前提与基础。有经验的妻子都认为，在丈夫欢愉的心境与体态中，她们能体味到一股无可名状的感觉——幸福与欢欣。然而，建立与保持丈夫欢愉的心境，在很大程度上取决于妻子本身。如果你不能使丈夫欢颜，无疑是在给自己脖子上套上一条痛苦的枷索。当然，这并不是要你一味去迎合丈夫，包括那些不良的嗜好与恶习。

①唠唠叨叨不如自己去做。

我们常常听到不少已婚的男人这样抱怨：我真不想回家，妻子那永无休止的唠叨真让人心烦！

这是某些妻子的通病。

丈夫因公司临时加班，晚归家几个小时，进门后妻子就唠叨开了："怎么这么晚才回来？有事为何不早点告诉一声？"回家后，丈夫将衣物随便往沙发上一扔，妻子马上会责问："我都告诉你多少遍了，鞋子应放在鞋柜里，帽子应挂在衣帽钩上！"可丈夫并没有去收拾鞋帽，而是欣赏着他喜爱的体育节目！

听到这些，丈夫往往特别反感！

这是大部分丈夫所具有的一种正常的逆反心理。做妻子的你必须懂得这一点。

聪明、善解人意的妻子面对上述情况往往会这么做：丈夫将衣物、鞋帽随手乱扔后，她们并不立即让他去收拾，特别是丈夫正着迷一件他感兴趣的事时，妻子会主动地帮他收拾好衣物鞋帽，而只是在愉快的餐桌上，或者入睡前的温馨中，轻柔地对丈夫说："亲爱的，下次可得将鞋帽放好。看到家里零乱的样子，你也会不喜欢的。"无须多言，十有八九的丈夫在以后就会改变自己不良的习惯。所以，成功的妻子，并不在于她说了多少，而在于用她的身体语言去感化丈夫。

请记住：男人们都不喜欢拥有一个唠叨的妻子。

②适应与共享丈夫的嗜好。

共享每一件东西，包括某一种信仰，可以使人与人之间的关系更加密切。适应与分享自己所爱的人的特别的嗜好和偏爱，这是夫妻获得美满幸福婚姻的重要因素。

这就是人们通常所说的夫唱妇随。

整天因工作而没有娱乐，会使婚姻变得索然无味。如果妻子不顾丈夫的嗜好，或在家里欣赏言情小说，或在女人堆里消磨时光，时间一久，肯定会感到寂寞与孤独，丈夫也会因此对你的感情淡化，甚至发生感情转移。因此，妻子应当参加一些丈夫喜爱的消遣，以增加夫唱妇随的家庭氛围。

相反，一些妻子却时常抱怨自己的丈夫将大部分周末的时间花在球场以及其他娱乐项目上，而没有在家陪着自己。我们说这是不明智的举动。与其抱怨，使自己心情不畅，不如走出去与他一道享受共同的嗜好！妻子一旦学会了在丈夫休闲娱乐之中得到的乐趣，就不会被丈夫撇下不管了。

③给他一个空间。

在日常生活中常常会出现这种情况：妻子总希望丈夫能呆在自己的身边，可丈夫并不愿意，虽然妻子给了丈夫可口的饭菜，给了丈夫许多温存和女性的美感，丈夫仍感觉不到十分欢愉，相反，他们会感到空虚、无聊，妻子“黏”得越紧，丈夫会越烦。

因此，在两人世界中，夫妇双方要能够相互尊重对方的嗜好，并给对方一个空间，否则，婚姻是不会幸福和美满的。更深一层说，如果希望夫妻两个人有完全相同的思想，相同的意见，相同的愿望，这是可笑的愚蠢的想法。实际上是不可能的，也是令人感到乏味的。

一个丈夫需要妻子给她一定的空间去享受他的某些嗜好，做妻子的就不必担心他去追求别的女孩或被别的女孩所迷惑，只有那些对单元式的小家庭生活感到厌倦的丈夫，才会掉进狐狸精的陷阱。

丈夫偶尔在周末离开家出去打打保龄球，或是与一群男人玩玩扑克，他们就可以因此而获得这种独立的感受。有些丈夫喜欢在闲暇时将自己关在书房里，静静地呆一会儿；有的喜欢阅读一本惊险小说；有的喜欢将自己的车子仔仔细细地检修一番。不管你的丈夫将这些快乐的自由时间作怎样的安排，只要他不将某种嗜好变成恶习，妻子如果能尽量满足他，那么这个妻子就是聪明的妻子了。

与特殊的丈夫相处

俗话说，为人妻难，也许作为某些特殊人的妻子更难。然而，这些特殊的男人也是人，也有七情六欲，也食人间烟火。无论他们怎么特殊，无论他们是政界要人，还是公司经理；无论他们是高级工程师，还是赫赫有名的作家，都需要一个温馨的家，一个温存、善解人意的妻子，以及活泼可爱的子女。作为他们的妻子，只要细心观察、研究他们的特点，在他们最需要的时候采取最恰当的行动，这个家就一定非常美好，家庭成员也会取得更大的成功。

●与工作过量的丈夫相处。

①准备可口的营养品及食物。丈夫处于紧张与聚精会神的时候，你为他准备的食物应当容易消化，且营养价值高。可比平常多一两餐，但每次的量不要太多。

②学会自己安排时间。丈夫工作过量，或者干脆在公司里不归家，他不能像以往那样有很多的时间陪你，或是与你一并去参加社交活动。遇此情况，你就要巧妙地安排时间，你可以做些你

以前没有做过的事，也可以邀几位女友在家里聚会，或者去自修你所感兴趣的某些课程。以此来填补因丈夫不在家而产生的空虚。

③让丈夫知道你对他的理解与支持。丈夫过量工作，精神与体力上肯定会感到很疲惫。他回家后尽量让他有一个舒适、整洁的环境，千万不能因丈夫不在家，你就懒得将家里收拾整洁。恶劣的环境对丈夫的心境有不好的影响。丈夫回家后，尽量多给他一些温存，包括身体与语言，尽可能地让他精神放松，体力恢复。让他感到他所做的一切事得到了妻子的理解与支持。

④在你感到孤独、寂寞的时候请对自己说这只是暂时现象。一般来讲，丈夫过量工作的情况并不是常常发生的，其时间也不会延续很长。因此，当你突然没有丈夫厮守在身边，没有了丈夫与你饭后的漫步及睡前的温存和爱抚，你虽然或多或少会有些孤独与寂寞，但你要告诫自己，丈夫是为了自己才这么拼命干活的，何况这只是暂时的。他忙完了，一切都会像以前一样美好。

●与业绩优秀的丈夫相处。

①分析他的工作性质，尽量适应他的生活、工作习性。

②他或许并不需要你插手他的事情，但他却需要你理解他所做的一切。理解对于夫妻来说比什么东西都要珍贵。惟有理解才能适应。

③做他事业上的忠实信徒，相信他一定会取得成功。在他顺利与受挫的时候都应如此。

④希望自己成功的人一般都有很强的自尊心。一旦他们遭到失败，就会变得像孩子一样，心灵非常脆弱。做妻子的你应当懂得，这种时刻你是他最大的精神支柱！你的一言一行，一举一动

都将会对他产生巨大的影响。你此时应当像个“慈母”，给“孩子”以重新振作的信心和力量。

⑤多做一些小的牺牲，多承担一些家务。在某些关键时刻你既是他的妻子，同时还是他的同僚、秘书与高级顾问！

⑥学会自己支配时间，尽可能地多学习、掌握一些与丈夫事业有关的知识。学会用其他活动安排业余时间，消除孤独与寂寞。

⑦目光要放远一些，不要因眼前利益责怪丈夫。应切记：丈夫的成功就是你的成功。丈夫扬名之时，也是你风光之际。

⑧你应当为找到这样一个丈夫而感到高兴与自豪。因为名人不是每个想做的人都可以做的。在你因适应不了他而离开他时，你应当知道这是法律上的遗弃，你所失去的不仅仅是个丈夫，还是一位优秀之士。

⑨学会从丈夫不平凡的点点滴滴中体味人生的乐趣与幸福。不要抱怨丈夫给你的时间太少，他的生命、情感除了属于你以外，还属于这个民族与国家！这本身就是能使你感到荣耀与满足的事！

●与在家里工作的丈夫相处。

在家里工作的丈夫，一般都是脑力劳动者，他们大都是耍笔杆子的。作家、诗人、剧作家等等，他们的工作一般都在家里进行。而他们工作的一个显著的特点就是要保持绝对的安静。

所以，当丈夫在家的时候，你必须踮起脚跟，轻轻地在你丈夫身边走过；你必须接受丈夫的请求，关掉你用了一半的吸尘器；你还必须照料好孩子，不让他们在家里大吵大叫；如果你以前经常邀请朋友来家里聚会，婚后你也必须改变这一习惯。

既然你找了一位在家工作的丈夫，而他的工作又无可非议，且有发展前途的话，做妻子的应当改变原有的一些习惯来适应这个家！

①尽可能地将他的工作环境安排得舒适一些，然后放下他去做自己的事。开始时你要学会抑制自己想进去看他的冲动，等他休息时再去探视他，或者给他一杯咖啡，或者给他一个温柔的吻。

②在他专心工作时，不要随便去打搅他，更不要让他照顾小孩，付上门催还的账单等等。这些小事你都应当自己去做，并且给自己定下规矩，不是特别急需，不要在他工作时打扰他。

③保持你清静、平和的心理。这样当他的工作进行得不太顺心时，你就不会手忙脚乱，且能帮他消除烦恼，理顺心境，继续工作。

④配合他的时间安排你的社交、娱乐计划。利用他工作闲暇之际交朋访友，或者领着孩子一道作短暂的旅游，或是参加一些户外的体育运动。

让爱充满小屋

维系一个美好的家庭需要一种艺术，而每一个妻子都具有这种能力。只要她们愿意，家庭生活的艺术之灵就会在她们周围闪光。

●营造一个幽雅、舒适的家。

作为一个男人，不管他的工作性质如何，也不管这项工作对他来讲具有多大的诱惑力，或者使他多么着迷，总会给他带来某

种程度上的紧张感。在他回家以后，如果有舒适、清静和井然有序的环境使紧张与疲惫得以消除，他的心理、身体和情感就能得到平衡，他就会有更加充沛的精神和体力迎接更加繁忙的一天。

要使家庭优雅、舒适，主要责任在于妻子。作为妻子必须清楚的是你对家庭的装饰与布置，不要完全从个人的嗜好出发。如果丈夫能够钟爱你的这种嗜好，你们则达到了妻唱夫随的境界。否则，你的一番心思将会使他感到反感。

如果你想将家里布置得既合你的心意，又合丈夫的嗜好，你最好参观一下单身男人的居室，它们一般都简洁、实用和方便。或者事先征求一下你丈夫的意见。

有人说过，营造一个愉快、祥和的气氛，让男人在家里感到舒适，是使他留在家里，留住男人心的最好方法。作为妻子，你应当相信这一提示和忠告。

●适度消费并巧妙理财。

现代生活中的妻子们面对着一个不成比例的挑战，花同样的钱买下所能够买的东西，比十年前或者是五年前要少得多。各类物品价格的猛涨，生活消费水准的提高，孩子教育费用的增加等等，都使得现代妻子们花每一个钢镚儿都得精打细算。

还有人认为不管家庭的收入多少，应遵循“有钱就多花，没钱就少花”的消费原则。实际上这种做法等于没有处理好收支关系，没有将钱用在该用的地方。

如果你平时没有养成计划用钱的习惯，那么从现在开始就应当学习如何处理家庭财务。这也是帮助你丈夫走向成功的重要方法。如果你的丈夫有相当的收入，但花销起来大手大脚，你就应当帮他缩紧钱包，逐步培养他计划用钱的习惯。

①将日常开销记录下来，这有助于你对支出情况有个清楚的了解。在这些细目中分析哪些是应该开销的，哪些是可以节省的，以便日后注意。

②根据家庭的实际需求列出每月或每年的开支计划。首先将你每月必须开支的部分列出来，比如食物、水电、房租以及孩子的教育费、医疗费、购置衣物费等等。其次，计划出你本月或者本年度拟购置的贵重物品，如小汽车、彩电、空调等等。制定这些预算所遵循的一个基本原则就是一定要在你们的收入范围以内，否则，你就应当尽量减少那些不太必要的开销费用。

③储存一定数额的钱以便应急。虽然目前你和丈夫、孩子都平平安安，你的亲朋好友也都和顺安康，但总会有一些意想不到的事情发生。如果你将每个月的收入都用完用光，你就无法应付这些意外的紧急情况。因此，留有一定的活动资金以备急需对一个家庭来讲十分重要。如果你临时借款，一是难以获得，二是息金也相当高。

④将剩余的钱用于获取更大的效益。首先要储存一部分钱留着应急。对于一个收入较多的家庭，也不必将所有多余的钱都存入银行，因为银行的利息毕竟太少。你可以将这些钱用以投资，或者买房子，或者经营店铺从而获得更大的利润，达到钱生钱的目的。

●两心碰撞时升华爱情的深度。

不管你目前的家庭两性生活是否美满，你们肯定曾经相爱过，甚至爱得死去活来，那么，就请珍惜这份爱。

真的，爱情一旦产生和升华，每天都可以创造出新鲜与奇迹。你赋予丈夫的爱，就是他获得成功的基本因素和动力。

几份耕耘就有几份收获，如果你给了丈夫足够的爱，你也会从中体味到爱的回报与幸福。

那么，怎么做才能升华爱情的深度，使婚姻永远置于爱的海洋之中呢？

①要表示出你的爱心。既然你与他走到了一起，他就是你生命的一部分，或者说是你精神与生存的支柱。你对他的爱就应当像珍爱你自己一样。早上出门向丈夫道声平安，晚上回家给丈夫一句体贴的问候，这些都将会打动丈夫的心，而你也会得到加倍的爱的回报。

②对丈夫为家庭为你所做的每件小事要表示谢意。人人都喜欢听鼓励与感谢的话。丈夫亦是如此。他带你到妇女天地度过一个愉快的晚上，你应说真谢谢你给了我一个难忘的时光；他送给你淡淡的米色花，你应说真谢谢你一直记得我的嗜好；他早上上班时顺便带上垃圾袋，你应说难为你想得这么周到；晚餐后他主动收拾碗碟，你应说你辛劳一天，这么做真叫我过意不去……这

些都是日常生活中的小事，当丈夫做了以后你对他表示谢意，他会更加乐意去做，也会从中更加体会妻子的温情与爱意。

③要互相理解与体贴。许许多多本来很美满的姻缘就是因为不能互相理解与体贴，最终导致破裂。

理解万岁。这句话不仅适应于一般的人际关系，对于夫妻之间更是如此。

因此，作为妻子，当丈夫为了事业而处于忘我的境地的时候，“理解”就显得至关重要。可能你会有一时的苦闷与空虚，但你应当坚信这只是暂时的，你对他的理解与体贴只会加快他成功的步伐。同时，做为妻子你应当明白他的事业就是你的事业，你们是在不同情况下向一个共同的目标迈进。做为妻子还必须懂得：有时候你的某些小小的牺牲将会换来更大的幸福。

④和谐的两性生活是美满婚姻的添加剂。不管你是否承认，两性生活在维系婚姻的稳定方面确实起着重要的作用。

有人曾经提出：除了人为的因素包括社会因素外，男女结合的最大乐趣即为性生活的互相满足，少了这一点，爱情之树则难以常青。这是不可否认的符合人的生理的自然法则。

然而，对于两性问题，一般的人则很少去研究，相关的知识知之不多，甚至完全无知，或者把它看作一种禁区，这不能不说是人类学研究、伦理学研究以及社会性心理学研究的一大缺陷和遗憾。因此，要想将以爱情为基础的婚姻升华到完美，夫妇双方都应当认真研读几本具有指导意义的关于两性方面的专著，从而走出误区，还本自然，正确把握，增加性爱知识，学会做爱的方式、方法以及两性性生活的技巧，以增添夫妻性生活的情趣，促进家庭生活的和谐幸福与美满。

做个好丈夫

检验夫妻感情深浅，不仅仅是看平日里有无柔情蜜意，更应体现在关键时候的关爱和体贴。面对特殊情况下的妻子，丈夫要以实际行动表现出爱妻子的真心实意。

面对怀孕的妻子

青年男女结婚后，只要夫妻双方有生育能力，经过一段时间，妻子就会怀孕。

作为丈夫，都希望自己的妻子能生个聪明、活泼、健康、漂亮的宝宝。但你首先应当知道，这一切与妻子怀孕期间的食品营养是分不开的。“十月怀胎”，胎儿在母体中发育长大，需要营养，母体本身由于代谢和消耗的增加，也需要营养。孕妇营养不良，不仅妨碍胎儿的正常发育，而且也是早产、畸形、流产、死胎的原因之一。所以丈夫一定要注意加强妻子怀孕期间的营养，要舍得花钱，平时有积蓄的就应该在这时用，这叫“好钢用在刀刃上”。如果妻子心疼，舍不得花钱，丈夫就要进行开导，说服她这笔钱应该花，花得值。

有些孕妇妊娠反应严重，甚至滴水难入，入则即吐，为了防止妻子脱水或营养不良，丈夫应该尽量地给妻子做一些清淡爽口的流食或半流食吃。让妻子每次少吃一点，吃的次数多一些。

妻子怀孕后，让她吃哪些食物能增加营养呢？孕妇所需要的

营养成分中，以蛋白质为首，它将直接影响胎儿大脑的发育。猪、牛、羊、鸡肉和鱼、虾以及豆类，都含有比较丰富的蛋白质。为了给妻子增加维生素，可让妻子多吃蔬菜、水果。同时，还要让妻子多吃些胡萝卜、蛋类、牛奶、动物的肝肾，以增加孕妇所需的铁、钙等矿物质。总之，丈夫要在副食的种类、数量和质量上多动脑筋，经常变些花样，既增加妻子的食欲，又达到给妻子增加营养的目的。

妻子怀孕期间，需要充分的休息，要有充足的睡眠，防止劳累，丈夫应比平时更加体贴妻子，关怀妻子，照顾好妻子。下班后应及早回家，自觉地多承担一些家务，特别是那些重活、累活。要千万注意别让妻子摔着，以防流产。到了妊娠末期，妻子活动受限制，丈夫更要给妻子以帮助。替她擦洗，帮她干些弯腰的活，如系鞋带等。如果是冬天，天寒路滑，则应搀扶妻子行走，以预防意外。

在妻子怀孕期间，为了确保母婴健康平安，做丈夫的应尽量克制自己的性冲动，节制性生活。特别是在妻子妊娠初期（三个月以内）和妊娠末期的三个月，要严格禁止性生活，这不仅仅是对妻子的健康负责，也是为了孩子。

孕妇比一般的人更需要有愉快的心情和良好舒适的生活环境，这些都需要丈夫帮助妻子去创造。从优生学的角度来看，孕期的不良环境和不佳心境不仅会影响孕妇的健康，而且会影响到胎儿的身心健康。有关研究表明：孕妇在孕期如果总是闷闷不乐，往往会造成孩子先天的忧郁性格。所以，使妻子解除各种精神负担，保持舒畅的心情，愉快地度过孕期，这是丈夫应特别注意的问题。丈夫要在妻子面前表现得宽容、大度，遇事忍让，不跟妻子争高低，更不要因一点小事跟妻子怄气甚至吵架。为了使妻子愉快地度过孕期，丈夫还应多守在妻子身边，和妻子一起散步，一起游玩，一起看电视，以丰富多彩的生活情趣和炽烈的情感感染妻子，使她总是沉浸在幸福之中。

妻子怀孕之后，用药要特别谨慎，切不可滥用。有些药物对母体和胎儿有不良的作用，会影响胎儿发育、引起胎儿畸形，或导致子宫收缩，造成流产或早产。因此，妻子生病时，用药要特别小心，能少用的尽量少用，能不用的坚决不用。当然，这并不是说不论妻子病情如何都不能用药。该用的药一定要用，以便使妻子迅速恢复健康；这对胎儿的正常发育反而有利。至于妻子该不该用药，该用什么药，丈夫不要自作主张，由医生根据具体病情而定。

妻子怀孕后期，丈夫还要陪妻子做好产前检查。孕妇的怀孕期长达 280 天，孕妇和胎儿也随时可能发生一些异常，常见的像流产、早产、胎位不正、产前流血、血压高、浮肿等，如果按时做产前检查，就能得到较好的预防，或及时发现及时治疗，这对妻子和胎儿都有好处。做产前检查时，医生还会告诉孕妇应当注意些什么，预产期在什么时候，以及正常临产过程究竟是怎么回事等等。这样，孕妇解除了思想顾虑，在临产时才能很好地与接生人员配合，顺利生产。所以，丈夫一定要清醒地认识到从妻子怀孕的那一天起，自己就应进入新的生活角色。因为妻子怀孕意味着你将成为“父亲”，父亲这一值得你骄傲的称号将使你对生活承担起更大的责任。权利与义务总是伴随在一起的。你在享有做父亲的权利的同时，也将承担起做父亲的义务。这一点你应当有足够的思想准备。同时也应让你的妻子明确她未来的角色——母亲，你应和她一起筹划你们崭新而陌生的未来生活，免得到时候乱了手脚。同时，建议你们多看一些妇幼保健、家庭育儿方面的书籍，掌握一些基本的知识，为迎接你们新的家庭成员的到来做好精神和物质上的准备。

面对不能生育的妻子

青年男女结婚后，希望生个孩子，增添小家庭的乐趣，享受天伦之乐，这本是人之常情，可以理解。但是，妻子能否生育并不取决于夫妻的良好愿望。有的妻子由于疾病不能生育，本来就很痛苦了，对此，做丈夫的应该给予充分的理解，并能够克制自己的感情，用好话安慰妻子，解除妻子的顾虑，减轻妻子的痛苦，不可再去做任何刺激妻子的事。

作为丈夫，不仅要宽慰不能生育的妻子，自己也要想开些。既然“不育”已成事实，自己就要采取积极向上的态度，努力充实自己的生活。没有孩子的拖累，自己和妻子可以把更多的精力用在学习、工作上，紧张的学习和工作会使自己的精神世界丰富而充实。另外，由于没有孩子，就能从大量的、繁杂的家务劳动中解脱出来，在业余时间里，丈夫可以陪妻子一起听听音乐、读读诗、看看影视剧、逛逛公园；逢年过节，旅行远游，欣赏祖国河山的壮美；还可以请来知己朋友，海阔天空地畅谈……这不同样可以获得无穷的乐趣，而使自己的生活丰富多彩吗？

无儿无女亦有情。婚姻的基础在于爱情，夫妻之间有爱情，就有幸福。有了孩子，但夫妻之间没有感情，这个家庭照样不会幸福。相反，夫妻之间有真情实意，虽无儿无女，生活也能和美。周恩来和邓颖超就没有自己的亲生儿女，但他俩互敬互爱，成为最亲密的同志和战友。邓颖超曾风趣地说："无儿无女是仙家"，一语道出夫妻间以情为贵的真谛。

当然，话还得说回来，如果丈夫实在喜欢孩子，欲享天伦之乐，并且希望"老有所靠"，可以和妻子商量好，到了一定的时候，去抱养一个孩子。虽然不是亲生骨肉，但只要真心实意当作自己的亲生子女去抚养教育，那么，将来孩子也一定会像亲生儿女那样报答父母的养育之恩的。

面对爱唠叨的妻子

其实，哪个丈夫不希望能和妻子亲亲热热，相敬如宾，和睦相处呢！但事与愿违，有些丈夫偏偏遇上爱唠叨的妻子，那该怎么办呢？

凭心而论，很少有妻子是唠叨成癖、有事没事都喋喋不休的。妻子的唠叨总是有原因的，往往是对丈夫不满的反应，婚姻是建立在爱情的基础之上，夫妻之间应彼此关怀，体贴。可有的丈夫只接受妻子的温存、体贴、照顾，却缺乏对妻子爱抚、体贴，把共同生活的妻子当作伺候自己的保姆，让妻子买菜、煮饭、收拾房间，甚至伸出一双脏脚，叫妻子去端洗脚水！

任凭妻子忙得汗流浃背，丈夫却严格遵循“动口不动手”的“天条”，或站在妻子身旁，不时指责、挑剔。家庭中这种极不合理的“分工”怎么能不使妻子对丈夫不满呢？又怎么能叫她心平气和、含笑相迎、毫无怨言呢？唠叨正是这样积怨而成并随着对丈夫的不满而不断流露出来的。

最容易引起妻子不满的另一个原因，就是丈夫的懒散，不修边幅。有的丈夫生活能力很差，不但不知帮妻子搞好家务，反而乱折腾，把妻子收拾好的房间搞得一塌糊涂。而且也不知修饰和打扮自己，衣着极不讲究，十分邋遢，这对于一个爱清洁、爱美的妻子来说，是难以容忍的。

丈夫的不良嗜好也会引起妻子的不满。有的丈夫酗酒成性，回来折腾得妻子不得安宁；有的丈夫“麻将”瘾特大，爱麻将胜过爱妻子；还有的丈夫是“烟鬼”，整天吞云吐雾，常常烧了衣物，妻子一再劝诫，丈夫置之不理，妻子只好终日唠叨，一是警告，二是发泄心中的不满。

妻子喋喋不休的唠叨固然使人心烦，但是作为丈夫，应该给予理解，不可一见妻子唠叨，便同妻子争吵，这样不仅不能解决问题，反而会伤害夫妻感情，加深妻子的不满。丈夫应善于在妻子的唠叨声中发现自己的缺点过错，并能及时纠正，使妻子满意。同时，还可在妻子冷静时，虚心征求妻子对自己的意见，让妻子把憋在心中的牢骚、不满、怨气统统发泄出来。凡是妻子提得对的，应向妻子承认错误，保证逐步加以改正。只要丈夫诚心实意改正自己的缺点，妻子一定会满意的。对于妻子的误会、过高要求和不正当的欲望，丈夫也应耐心地说服，讲明道理，使妻子心悦诚服。

作为丈夫要懂得，爱妻子就要体贴妻子。在当今的中国家庭里，妻子确实比丈夫辛苦得多，她们大都跟丈夫一样，有自己的工作，承担着更多的家务。而女性的体质又天生比男性柔弱，并且还有男性永远不必忍受的怀孕、生育、哺乳之苦。

她们希望自己的丈夫能跟自己一道分担家务，一起娱乐游玩，多得到丈夫的一些情爱。这就要求丈夫坚决地清除掉大男子主义这个封建毒瘤，放下“大丈夫”的架子，挽起袖子，同妻子一起下厨房，一起收拾房间。夫妻共同操持家务，不但减轻了妻子的负担，而且从感情上密切了夫妻关系，从心理上可以使妻子得到爱的享受。每个丈夫都应明白，搞家务并非是为了讨好妻子，而是自己应尽的义务。每一个具有男子汉气质的好丈夫，都应严格要求自己，及时改正缺点，用自己真挚的爱、赤诚的心去感化妻子，用甜美的感情去感化妻子，改变妻子爱唠叨的习惯。

面对爱吃“醋”的妻子

爱“吃醋”的妻子，在我们周围，并不少见。有的妻子见丈夫和女性交谈亲热，心中马上酸溜溜的；见到丈夫同女性接触多些，便顿起疑心，怀疑丈夫与人家有私情；见到女同志来家找丈夫，便满心不高兴，向人家摔脸子；有的妻子甚至向丈夫下禁令：不准跟女同志来往。有人还为她们辩解，说什么这是“妻子的本性”。其实，并不是所有的妻子都爱“吃醋”，爱“吃醋”的毕竟还是少数。她们有的是旧意识作祟，仍用封建道德规范来衡量今天的男女交往。因此，当丈夫与女性接触多些、亲密些，她们便认为是风流韵事、不轨行为。有的妻子爱“吃醋”，往往是她们患有疑心病，或主观臆断，或捕风捉影。

一个正派的丈夫，当因自己同女性的正当交往而激起妻子的“醋火”时，必然感到气愤。于是，有些丈夫对待爱“吃醋”的妻子，往往采取生硬的态度。

妻子爱“吃醋”，有的丈夫不打、不骂，也不解释、规劝，而是采取故意气妻子的“战术”。你不是爱“吃醋”吗，好，我就让你吃个够。于是乎故意当着妻子的面与女同志来往，甚至故意表现得很亲热，或者故意在妻子面前夸别的女人如何体贴人、如何漂亮。他们想以这种方式来气气妻子，认为时间长了，妻子就会见多不怪。其实这种做法只会使夫妻之间产生隔膜，导致夫妻感情冷淡。

作为丈夫，谁不希望有一个通情达理、善解人意、思想开朗的妻子？可是现实生活中就有些妻子小肚鸡肠。一旦遇上这样的妻子，怨天尤人是无济于事的，应采取正确的办法，来改变妻子的看法。

对待妻子爱“吃醋”的弱点，也应同对待妻子的其他弱点一样，从爱护、关怀妻子的角度出发，教育、帮助她，并把自己这颗心交给妻子，让妻子彻底放心。

为了帮助妻子正确对待男女交往，丈夫应该经常带妻子参加一些社交活动，如舞会、联欢会、音乐会等等，多接触一些同志，多交一些朋友。这样就把妻子从孤陋寡闻的小天地中引导到一个崭新的现代世界中来，从而使妻子逐渐分清什么是男女之间的友谊，什么是男女之间的私情，能够正确对待现代社会中男女之间的正当交往。

选择适当时机，和妻子促膝谈心，也是个好办法。在夫妻双方都心平气和时，丈夫主动地征求妻子的意见，该解释的解释清楚，去掉妻子的疑心；该开导的好言规劝，指出爱“吃醋”的危害。如果妻子不肯说心里话，丈夫可以把问题挑明，向妻子讲清楚。要想获得妻子的信任与尊重，首先要自己尊重自己。作为丈夫，是有妇之夫，就要严格遵守婚姻道德，忠于爱情，忠于妻子，不可再有非分之想，背着妻子挑逗女性，寻求刺激，甚至搞“婚外恋”，找情妇，这是道德败坏的表现，是要受到谴责的。自己身不正，又怎能说服妻子呢？所以，清白、正派、忠实是丈夫帮助妻子改掉爱“吃醋”毛病的基本条件。

去掉妻子身上的“醋味”，妻子会变得更可爱，爱情的青枝绿叶就会为夫妻编织出幸福的花环。

面对不会“过日子”的妻子

妻子不善理财不会过日子，是由各种因素造成的。有的妻子，从小就生活在十分富裕的家庭中，花钱很随便，不懂得如何安排家庭收支计划。总是喜欢什么买什么，花了算，这样必然会导致家庭出现“财政赤字”。

也有的妻子虚荣心很强，一味追求吃穿享乐，不顾家庭经济条件，硬要同别人攀比，比谁穿得时髦，比谁吃得高档，比谁会享受。

对于不会过日子的妻子，有的丈夫也不会主动解决矛盾，平时不协助妻子理好财，任妻子随意开销，自己只知道伸手跟妻子要钱，一旦妻子没钱了，他才感到问题的严重性，便同妻子怄气，指责妻子，跟妻子吵闹。如果妻子没把开支说清楚他便瞎猜疑，甚至怀疑妻子是否把钱偷偷拿回娘家去了。更有甚者，还以此怀疑妻子有外心。

那么，怎样正确对待不会过日子的妻子呢？

要帮助妻子端正对积极消费、改善生活的态度。积极消费不是盲目消费，而是有条件的。它要求人们量力而行，依据个人的经济能力，在可能的条件下，逐步提高自己的生活水平，不可操之过急，更不要一步登天。超过了自己的经济条件，必然要受到“经济危机”的惩罚。

丈夫还应帮助妻子学会当家理财。也许有的丈夫会感到为难，自己还不懂怎样理财，怎能帮助妻子呢？其实，家庭理财并不难，可以请教有经验的同志，也可以参阅一些书籍。总之，做丈夫的也应该懂得当家理财的学问。

家庭理财的基本原则，是量入为出，精打细算。为了便于理财，最好建立一本家庭收支账，把每月的全家总收入，包括奖金及额外收入，记入帐本。然后依据这个总收入来制定家庭生活的各项支出计划。首先要列出粮食、蔬菜主副食的花销和水、电、气、房租费，再安排出不可预见费，以备应付一些临时花销，如往来客人，亲朋好友的喜事等。总收入减掉这些项目的总支出，余下的则作为储蓄，以应急用。如果妻子准备买个大件，则应先作出筹款计划，分几个月筹齐，每月留出筹款数。总之，每月的支出总额一定不得超过总收入，否则就必须修改支出计划，压缩开支。保证每月收略大于支，这样的家庭收支计划才切实可行。

面对不孝敬老人的妻子

妻子不孝敬公婆总是由某些因素造成的，一般而言，主要有以下几点：

●妻子自私。

有的妻子心目中只有自己，待人处世也只考虑个人，而不替别人着想。她们往往把公婆当做家庭利益的竞争者和多余的人，因而对老人刻薄、冷落，甚至虐待。

也有的妻子为了自己的舒适，硬要把老人挤出家门。还有的妻子为了自己的享乐，把一切家务全推给老人，自己坐享其成，当“甩手”媳妇。

●妻子脾气不好。

有的妻子并不嫌弃公婆，也把老人当自己的亲人看待，但是性情急躁、脾气不好，常常是遇事不冷静，嘴上不让人，动辄发火，事后又不肯向老人作自我批评。这样就容易把双方的关系搞僵，也就不好处了。

●老人自身的缺点。

妻子不孝敬老人，除了她们自身的问题外，与老人的缺点也是分不开的。有的老人，特别是做婆婆的，还留有封建道德观念，把自己看成一家之主，媳妇则应绝对地服从；或把家务全推给媳妇，自己在旁边指手画脚；或干涉媳妇的吃喝穿戴等生活，限制媳妇的自由；或看不上媳妇而歧视、虐待；还有的公婆心眼儿偏，厚女儿，薄媳妇。公婆这样对待媳妇，必然会引起媳妇的强烈不满而产生对立情绪。于是有的媳妇便采用不孝敬的对策来回敬。

●彼此缺乏感情。

有的妻子为什么对自己的父母能尽孝道，尽子女的义务，而对公婆却不孝敬甚至虐待呢？这里除了血缘关系外，主要还是感情问题。有的妻子和老人彼此没有感情，双方又不主动沟通，增进了解，感化对方，建立感情上的纽带，只要出现一点矛盾，关系立即就会恶化。婚前妻子因筹备结婚曾与公婆闹过矛盾，婚后又没有解决，也是妻子对公婆心怀不满，失去孝道的原因。

●报复心理。

有的妻子本来对公婆并无成见，但看到丈夫对岳父母缺乏孝道，心里不满，便伺机报复，以其人之道还治其人之身：你不孝敬我父母，我也给你父母气受。于是她们便把对丈夫的怨气发泄在无辜的公婆身上，公婆成了替罪羊。

●受人教唆。

有些糊涂的母亲怕女儿出嫁后在婆家受气，便向女儿传授治服公婆的“高招”；有的妻子和公婆闹了小矛盾，母亲非但不好好开导女儿，反而支持女儿与公婆“干到底”；还有些“好心”的姐妹们也经常向做妻子的传授整治公婆的“经验”。这样，便助长了一些妻子不孝敬公婆的气势。

●缺乏教养。

这是一些妻子不孝敬公婆的根本原因。一些妻子不孝敬老人，就是因为从小缺乏这样的家庭教养。

找到了妻子不孝敬公婆的原因，还应采用适当的方式方法，去改变妻子的态度，和缓家庭的紧张空气。如果方法不当，只会引起妻子的反感，对公婆的态度会更加恶劣。作为丈夫，应注意从以下几个方面入手：

●要控制住自己的感情，强制自己冷静下来，耐心地对妻子开导、说服、教育、规劝，做好思想工作。丈夫应经常向妻子讲述父母的养育之恩，抚爱之情。使妻子认识到，是公婆辛辛苦苦把丈夫养大，没有公婆的养育，就不会有丈夫的今天，更不会有这个幸福的家庭。公婆，是有功之人，应该得到子女包括儿媳和女婿的尊敬和赡养。人心都是肉长的，只要丈夫能把这些道理讲明，大多数妻子是可以转变态度的。人生自古谁无老，人人都会遇到子女如何对待自己的问题，如果将来自己的儿媳也不孝敬，自己的心情又该怎样呢？更何况父母是孩子的第一任老师，自己不孝敬公婆，对老人不好，孩子岂不也学会了？只要妻子不胡搅蛮缠，她们是可以接受这些事理的。

●行动是最好的教员。丈夫不仅要对妻子言传，还要重视身教，给妻子做出孝敬老人的样子来。有的丈夫只要求妻子孝敬公婆，而自己却稍不高兴就跟老人吹胡子瞪眼，讲粗话。这样，妻子也就学会了。

●要妻子孝敬公婆，自己首先要孝敬岳父母，这一点很重要。作为丈夫，应该对父母和岳父母一视同仁，同样孝敬。如果岳父母丧失了劳动能力，做女婿的也有孝敬的义务，丈夫真心实意地孝敬岳父母，才会使妻子真正觉得丈夫是个真心实意孝敬老人的人，就会更尊敬丈夫，更热爱丈夫，也就不好意思不孝敬公婆了。

●如果妻子仍执迷不悟，继续虐待公婆，那么丈夫切不可姑息、迁就，而应同妻子的行为做斗争。一方面应求助于岳父母的规劝，另一方面可通过妻子所在单位的领导对妻子进行批评教育，使其改正错误。如果仍不见效，妻子虐待公婆变本加厉，这时就有必要通过法律途径来制裁她了。

面对“女强人”妻子

随着妇女地位的提高，在各行各业的舞台上已涌现出一批自强不息、勇于追求，一心扑在事业上的女强人。她们不是借男人的光芒来照耀自己的月亮，而是用自己的热大发其光的太阳，男人往往把她们称为事业型妻子。但事业型妻子并不为所有的男人所理解。有的丈夫对事业型妻子有五怕：一怕自己吃苦受累，二怕受别人耻笑，三怕妻子变心，四怕妻子没感情，五怕累坏妻子。“五怕”的结果，必然使一些丈夫对妻子的事业采取不正确的态度：或劝阻妻子、扯后腿；或与妻子吵吵闹闹，动摇妻子的决心……

应当说，丈夫的“五怕”心理是可以理解的，但应该进一步正确认识它，然后逐步消除它。

●怕自己吃苦受累。

妻子忙于事业，精力和时间大都花在工作上，那么用于家庭的当然要相对少一些。这样，丈夫就势必要多承担一些家务，这对于不善于操持繁琐家务的丈夫来讲，的确意味着吃苦受累，这是事实。不过，又有谁规定过，做家务只是妻子的“势力范围”，丈夫不得介入呢？搞好家务本是妻子和丈夫的共同义务，丈夫理应和妻子共同分担。如果丈夫工作忙了，妻子可以多承担一些；如果妻子没时间，丈夫就多干些，这是正常现象。真心爱妻子，就应该为妻子做出牺牲，如果能用自己的吃苦受累换来妻子事业上的成功，那岂不是丈夫的幸福？何况许多事业型妻子都具有东方女性的美德，回到家里仍不失贤妻良母的品行，她们往往挤时间干家务，并没有加重多少丈夫的家务负担。

●怕受别人耻笑。

一个堂堂男子汉大丈夫，围着锅台转，侍候老婆，会招致一些有旧观念的人的耻笑，但这些人毕竟是少数。在今天，真正耻笑的却是那种高居于妻子头上作威作福，衣来伸手、饭来张口的大男子主义者。妻子和丈夫从结婚之日起，就应该成为一个生活整体，同舟共济、荣辱与共、唇齿相依。丈夫支持妻子搞事业同妻子支持丈夫搞工作一样，都是在为实现共同的理想而奋斗，这是件值得别人学习、效仿的好事，是很光彩的事。

●怕妻子变心。

的确有些这样的事例：妻子在事业上奋斗，丈夫全力以赴地支持，妻子成功了，出了名，有了地位，也变心了，瞧不起丈夫，嫌弃丈夫，要另选高明。但是，我们不能因噎废食。应该相信，绝大多数妻子是忠于爱情的，丈夫的大力支持会使她更敬重丈夫、更感激丈夫、更热爱丈夫。

●怕妻子没感情。

即担心妻子整天忙于工作，对丈夫会失去妻子应有的温柔、多情、妩媚，夫妻感情就会变得干巴巴、冷清清，丧失了爱的光彩。其实，这是一种误解。事业型妻子并不是冷冰冰的苦行僧，事业上的追求往往使人变得高尚、纯洁、真挚、成熟，感情丰富而高雅，爱情炽烈而深沉。她们在事业上奋斗拼搏，称得上女强人，在家里，在丈夫面前，却是个温柔可爱、柔情似水、体贴入微的好妻子。

●怕累坏妻子。

一个女人家，有份工作就行了，干嘛那么拼命，若累坏了身体，可是一辈子的事。丈夫心疼妻子，当然是应该的，但是，不支持妻子搞事业，却不是真正地疼爱妻子。疼爱妻子，不仅在生活上体贴关怀，在事业上也应大力支持帮助。如果丈夫怕累坏了妻子，就应该积极主动地多承担些家务，尽量减轻妻子身上的负担。

妻子热爱事业，勇于追求，这种奋发向上的精神十分可贵，它会使一个人生活得更有意义。作为丈夫，应该积极支持妻子上进，让妻子也成为光芒四射的太阳，这正是向旧的传统观念挑战，是新时代女性的重要特征。

轻弹“性”福小曲

一对恩爱夫妻，自然有他们的生活诀窍，但其中性生活的和谐则是必不可少的。性事是夫妻恩爱的重要组成部分，在性事方面夫妻双方要遵循有益于身心健康的原则。

季节调节

人的性生活，作为一种生理活动，一种自然界中的现象，其生命活动必然和自然界季节气候有着息息相通的联系。人们应该随着季节的变化、身体的强弱、环境的改变来调节自己的性生活，使之更有益于身心健康。

中国医学《玉房秘诀》在谈到夫妻间性事宜忌时指出："当避大寒大热，大风大雨，日月蚀，地动雷电，此天忌也。"为此，古人认为对于性生活有关的时间、环境、气象和某些条件都要有所选择，这些关系到夫妻情趣的和谐，如能按时季的顺序去做就可大吉大利。可见人们的性生活与自然界的天象一样，是有规律可循的，应与之协调起来。性生活随着季节变化的调节带有主观性，这是一件鲜为人知或极易被人忽略的问题。那么怎样根据季节的变化来调节性生活呢?

一年四季，春为岁首。春季到来万物复苏，气象更新，一派生机盎然的景象。在这样的季节里，人也应和万物一样，使自身的生理意识和身体活动尽情地生发，让身心保持一种舒畅的状态。此时的性生活也应较冬季有所增加，这样才能有助于机体各部分组织器官的代谢活动，增强生命的活力。

夏季是各种植物蓬勃向上的时候，人们的心情也应该随之萌动，使体内的阳气不受任何阻碍地向外宣泄。性生活更应顺其自然，不受任何影响，保持旺盛的状态。

秋季，秋风落叶，天气转凉。人们应该宁神静志，收敛精气，不能再像夏季那样兴奋发泄了。此时性生活应相对减少次数，使体内的阳气不再过多地向外发泄，为抵御冬天的严寒准备条件。

冬季是一年四季的最后一个季节。此时百虫蛰伏、动物冬眠，到处都是阳气闭藏封固的景象，人们的性生活在严冬的季节里，必须加以控制，以求封存于体内的阳气不致因性交而受到侵扰，发生外泄。如果频频纵欲，使机体气弱肾虚，则不能抵御严冬的侵袭，不仅冬季难免生病，而且会失去来春的良好开端，使来年的生命活动都受到影响。因此，从这个意义上说，冬季性生活的调节，是四季调节的关键。

丈夫性生活禁忌

夫妻之间需要和谐的性生活，它对增进夫妻间的情感和维系美满的家庭是一个不可忽视的因素。但是，有的男子对性生活缺乏必要的常识，粗鲁行事。结果，给身体健康带来不应有的损失。那么，男子在哪些情况下不宜过性生活呢?

●过度疲劳不宜过性生活。

人过度疲劳之后，精神和体力都明显感觉不佳，会影响性的功能，性交也不如平时那样令人愉快。此刻如果勉强过性生活，会造成进一步疲劳，影响体力和精力的恢复，经常如此，则有可能导致性冷淡，以至对性生活厌恶。

●醉酒不宜过性生活。

《内经》认为“以酒为浆，以妄为常，醉以入房，以欲竭其精，以耗散其真……故半百而衰也”。这些理论，充分揭示了醉后同房的害处。虽然有时酒后使人处于兴奋状态，但往往会出现性欲发泄而产生副作用。对新婚夫妇来说，醉酒后过性生活，一旦受孕，对下一代健康极为不利。因为，过量的酒精对生殖细胞的活力有抑制作用，并且会使染色体的结构或数目发生变化。

●清晨不宜过性生活。

此时是学习、运动的最佳时间。假如清晨同房，体力得不到恢复，整天都会感到头晕脑胀，精神不振，加上，同房也需要一个幽静的环境。故一般认为过性生活以夜晚临睡以前进行为宜，性交后便可入睡休息。

●患病不宜过性生活。

因为在病中身体状况欠佳，同房不利于病体康复。特别是患了某些传染病，在未治愈前更应禁止过性生活。如男性患细菌性泌尿道感染，更应在治愈后再同房，以免增加妻子患病的可能性。

妻子性生活禁忌

夫妻间的性生活，本来是一件和谐美好的事，如果不快而勉强行事，会适得其反。妻子一般在什么情况下，需要禁忌性生活呢？

●无欲时。

房事时男女在性欲高潮的时间上有一定的差异，因此，做丈夫的切忌操之过急或粗鲁莽撞，而要温文儒雅，给女方多方面的爱抚亲昵和诱导，以创造一个良好的感情基础，达到性生活的和谐。但是，当妻子因某种原因不愿意过性生活时，丈夫更不应过分勉强，以免使妻子产生逆反心理。平时还应注意妻子发出的“性信息”，做到互相默契，互相配合，互相尊重。

●环境不佳时。

夫妻同房，应在隐蔽、幽静的环境中进行。如果在住房拥挤、几代同居一室或人声嘈杂、混乱不堪的环境下过性生活，会影响到双方的精神状态，干扰性生活的成功，还可能会造成男子的阳痿、早泄、无快感。

●妻子的月经期。

妻子在月经期，子宫内膜脱落、出血，子宫腔表面有伤口；另外，在经血的中和作用下，阴道的酸度降低，防御病菌的能力减弱，倘若在这个时期性交，不仅会造成月经血量增加，月经期延长，还会引起子宫内膜炎、附件炎等。男子本身也容易导致泌尿系统的感染。

●妊娠前后期。

妊娠早期是胎儿形成的主要时期，在母体子宫内“立足未稳”，如果性交很容易引起流产。同时，性交时子宫收缩，也会造成流产。妊娠后期特别是临产前，子宫较为敏感，一旦受到外界的直接刺激，极易突然加强收缩而诱发早产或产后大量出血，还会导致因脐带受压而引起宫内窘迫，甚至使胎儿窒息死亡。

●分娩后。

一般而言，产后 42 天后再进行性交较为安全。人工流产后至少也要在一个月后方可同房。

●月经前后。

由于生理上的原因，妇女在每次月经前后几天内，体内性腺分泌的雌激素会发生显著的变化，雌激素的改变，往往使精神状态表现出种种反常的现象，多数人出现明显的性格改变，有人感到身体倦怠无力，因而不能像往常一样自觉主动操持家务；有的表现为焦虑、抑郁、不愿言谈与交往，更多人表现为急躁、爱发脾气。作为丈夫，如果不了解妻子的这些变化，不清楚这些反常现象是由于生理特点造成的，因而不能体贴谅解妻子此时此刻的心境和情绪，特别是遇到某些问题而意见达不到一致时，更会争吵不休，久而久之会使炽热的感情渐渐冷淡下来；取而代之的是相互责怪、埋怨、猜疑、怨恨。如果能了解妻子月经期前后这一特点，丈夫能主动谦让与谅解，矛盾便可消失。

●生育之后。

女性生育之后，难免在生理及心理等方面表现出较大的转折，由于产后的休息、营养以及怀孕、分娩等过程，多数人会在体质、体型等方面出现一系列的变化。如自妊娠初期就有难以消失的蝴蝶斑；营养过剩，臀部、腰部脂肪堆积而带来的动作笨拙、体态臃肿；哺乳、日夜照料婴儿等过度操劳所带来的疲倦和苍老。所有这些都会使婚后的少妇失去风采，失去一些原先所特有的魅力。此外繁忙而琐碎的家务劳动取代了以往夫妻间的亲昵，沉睡与疲乏代替了以往的交谈。作为丈夫对夫妻生活的这一变化，尤其是对妻子的这些变化要有充分的了解和足够的准备；对为培养后代在不眠之夜辛勤操劳，为生儿育女付出血与肉代价的妻子，应报以无限的赞许、理解和体谅；要主动分担妻子的辛劳，用行动向她投出更深切的爱。

●更年期前后。

更年期综合症男女都可发生，但妇女患病率要较男性高出好几倍，主要表现为难受、胸闷、周身无力、疲倦、恶梦、失眠、食欲减退等。因此，作为丈夫应该了解妻子的这些生理特点，在妻子出现上述症状时给予体谅和爱护，协助妻子顺利完成从中年到老年的转变，帮助妻子度过更年期。

和谐的性生活

夫妻结合后，不但要有经济生活，文化生活，而且还要有性生活。和谐的性生活不仅能够满足双方的性欲要求，而且有利于夫妻的身体健康。科学家研究证实，适度的和谐的性生活，可使男性睾丸的分泌量增加，促进性活动加强，同时由于睾丸素的作用，加强了身体肌肉的发达，提高骨髓的造血功能。性高潮时心跳加快，血液循环增加，可将血液养分输送到全身，对机体大有益处。对女性来说，正常而有规律的性生活，可使卵巢生理功能增强，月经正常，性生活达到满意的妇女，其皮肤可能更柔滑更具光泽，精力也更为充沛。

为达到性生活和谐，夫妻双方首先应了解男女性生理的差异。男子性欲较强烈、旺盛，性兴奋出现也迅速，稍有性刺激即可兴奋。女子性欲相对较慢，性兴奋与月经周期有关，排卵前后性欲较高，月经前也较高。男子性欲主要集中于生殖器官，发生性冲动进入兴奋期后即急于性交。而女子性欲兴趣广泛、复杂，需要丈夫爱抚、亲吻、挑逗与呢喃细语，性欲达到一定程度后才有性交要求。因此夫妻掌握这些生理特点，是促进夫妻实现和谐的性生活的重要前提。

夫妻双方需在互相尊重，平等相待，互相体贴，互相照顾，默契配合下才能获得和谐的性生活。丈夫不应只想在性交时才变得温柔多情，而应该是经常温情脉脉，情意绵绵，平时注意交流感情，有了共同的感情，真诚相爱，才能达到性生活的和谐。丈夫切忌性急和粗鲁，决不可只顾满足自己性欲而不顾女方的意愿，妻子也不要认为满足丈夫的性欲是妻子的应尽的义务，而勉强应付行事。

性生活开始前做好充分准备是相当重要的，丈夫应提前给妻子以暗示，双方可采取各种方法来激起对方的性欲，尤其是丈夫应根据女子性欲发生缓慢、性感广泛的特点，对妻子给予充分的挑逗，除语言外，亲吻、抚摸妻子的性感区（乳房、乳头、大腿内侧、大小阴唇、阴蒂），待妻子十分激动，阴道有分泌物时，再进行性交。只有双方都进入了强烈的兴奋期，性生活才容易获得满足。性交前准备过程越细腻越动情，越能挑逗对方出现强烈的性欲要求，两人就越能获得更多的欢乐。

性生活开始后，双方的精神都应集中在体验性的欢乐上，夫妻双方不应再谈论与性无关的事情，特别是一些令人不愉快的事。因为精力不集中，心情不愉快，会影响性的兴奋性，切忌妻子流露对丈夫的不满，甚至斥责和抱怨丈夫，这样会引起丈夫出现性功能障碍。妻子对丈夫体贴、温柔都会激发丈夫的情欲，而使性生活和谐、快乐。

当夫妻双方都得到了满足，男子射精后不要立即结束性器官的接触，还应与妻子继续交谈，爱抚妻子，待到性欲完全消退，感到疲倦欲睡时，再共同结束性生活，这样才能使性生活充满和谐。

丈夫的疑虑

为了维持正常的夫妻性生活，作为丈夫，应注意防止和克服一些不必要的疑虑。

●是否会阳痿？

正常男性在情绪焦虑抑郁时，或过度劳累、身体疲乏时，或过度酗酒、吸烟后同房，阴茎容易出现勃起不坚的现象，然而有些男士并不知道这一点，于是便担心自己会不会发生了阳痿，以至没精打彩，忧心忡忡，而这种心理负担恰好就是导致阳痿的主要元凶。

●是否满足不了对方？

性欲强弱本是千差万别的，自然也会有女方略强于男方的，因而女方性要求的次数多于男方，于是有些男方便会感到自己少了男子气，或者误认为自己的性功能不如其他男子强。使妻子在性生活上不能感到满意。还有一种情况是男方经常早泄，虽然也

加以控制，但在时间上总是比女方快，久而久之便不能激发女方的性快感，为此大为伤感而内疚。

●是否会身体衰败？

有的男士受传统观念“一滴精、十滴血”的影响，同时女方也为丈夫的频繁排精而担忧，从而加重了男方的心理负担。偶然房事后的头痛、不适，他们就担心自己的身体有了疾病，特别是一些性格内向、敏感多疑、谨慎小心者还可能因此发生精神障碍，从而导致性功能障碍。

●阴茎是否比一般男人的小？

矮小瘦弱的男子常常担心自己的阴茎短小而满足不了女方，如果再遭到妻子的冷嘲热讽，就更加重了这方面的担忧。事实上，松弛状态下的阴茎大小各异，但海绵体充血勃起时大小就基本一样了，而且女性阴道壁神经敏感细胞多集中在阴道的前 1/3 处，所以这种担心是多余的。

夫妻结合，是爱情升华的必然，婚后的性生活，是夫妻感情交流的纽带。爱，还必须要有正确、全面的性知识和健康、稳定的心态，才能获得比较美满、和谐的夫妻生活。

夫妻性生活的调适

性是婚姻生活中重要的一部分。在今天的婚姻生活中，愈来愈多的夫妻抱怨彼此得不到性的满足，进而造成怨恨，甚至产生了不幸的离异事件。为此，夫妻性生活的调适显得尤为重要。

●增进夫妻亲密度。

许多来进行婚姻性生活咨询的夫妻，尽管表面上看是生理上的问题，如男性无法勃起、早泄，或女性感到疼痛不适、性冷淡等，其实这些问题大多来自夫妻情感的亲密度不够。如何增进彼此的亲密关系，是有待夫妻双方共同来学习与沟通的。比如说，找个安静、有情调的餐厅享受一顿晚餐；一起听听音乐或散散步；彼此心平气和地交换意见，倾听对方的心声等。创造了一个身心愉快的氛围，两个人就会体验到情感的亲近，从而会增进身体接触的需求。

●先检查自身。

一些有性问题困扰的人通常会有较多的焦虑。有的因为生活或工作上的压力，有的对自己缺乏信心，有的过于害羞或对于“性”有罪恶感。类似这样的困扰，应该寻求医生帮助，先检查一下生理的问题，如没有问题，再求助于心理医生或辅导人员。当然，自己如何建立正确、合理的性观念，培养改变现实的勇气，是更重要的条件。同时减轻生活或工作上的压力，鼓励和坚定自己的信心等，也是舒解紧张的良药。

●以科学的性知识为后盾。

许多人从不良的书刊、色情录像带，或道听途说中得到一些不正确的性知识，误以为自己早期的手淫（或自慰行为）造成现在的困惑；或自惭不如影片上的性爱技巧、持久时间而有挫折感。甚至有人因为在性方面的无知，第一次梦遗或月经出现的恐惧，在心灵上蒙上的阴影至今仍深深地影响着自己。因此，我们必须学习一些有关医学、心理学、生理卫生等方面的书籍，来补足性知识的缺乏。

●沟通是双方的责任。

许多性生活方面的问题不能解决，常常是因为一方或双方不会或不便以坦诚、直接的态度来沟通。一项性关系的调查表明，绝大多数的性要求都是由男方主动提出的，而女方即使鼓起勇气也是以半主动的暗示为多，这种情形往往会产生一些沟通不良的情形，有时妻子会责怪丈夫想要的时候就要，完全不顾自己的感受；有时一方想拒绝对方的要求，心中则会产生疑虑。因此，夫妻之间的床笫之事应该彼此鼓励对方表达出来，并且接纳对方的想法与做法；同时，自己也应该坦然地表明自己的态度。除了一些语言上的沟通，也可以用一些非语言的方式表达，如穿上一件特定的睡衣，打开一盏特别的灯，放一首音乐，或用肢体去询问或回答对方等。当然，若能语言与非语言两者并用更佳。有些夫妻平时就不太了解对方的意思，又不肯主动表达己见，自然很难建立一个轻松愉快的关系，更不用说增进性生活的沟通了。

●给对方以积极的回馈。

有些做丈夫的总是埋怨妻子在性生活中没有反应，而有些妻子则怪男人完事后倒头就睡。这种没有回馈的性关系，会使一方或双方有被忽视的沮丧感觉。即使丈夫有力气不足的情形，妻子也应给予积极的鼓励，如真诚地表达满足之感，用身体接触或抚摸、拥抱等，都能帮助丈夫更有信心。相反地，男人只图自己的需要，动作粗鲁、草率，以及不给妻子一些口头上的爱语，或事后的亲吻等爱抚动作，都容易让妻子对性渐渐失去兴趣。因此，性伙伴的积极反应可以说是性生活的润滑剂，这是有待夫妻双方彼此鼓励和培养的。

●性是情感的学习。

我们也不必过分强调“性”的重要性。大力提倡性在婚姻生活中的功能，就容易陷入“性是一切”的肉体享乐中，这也很难拥有一个幸福愉快的婚姻。由于彼此很难接近对方的情感世界，有时即使不是性的问题造成婚姻危机，最后也可能会归咎于性的失和。“性”本身无罪，只是看人如何使用它，别让我们成为性的奴隶，否则那不该有的罪恶感就加深了。我们衷心地希望，性生活的美满不单纯是由于性技巧的把握、性的新奇或冒险，更是一种情感上的分享、一种爱的学习。

洞悉爱人的内心世界

从众多美满、幸福的夫妻身上可以找到一个共同的特点，那就是他们都是以心相许、心心相印的知心伴侣。也可以这样说，夫妻之间不知心，就称不上什么幸福夫妻。因此，夫妻贵在知心。

●知心先交心。

有些人抱怨爱人不与自己讲心里话，其实，原因恰恰出在自己身上，原来其爱人也正在抱怨他（她）不对自己讲心里话，夫妻二人互存戒心，都不愿先敞开自己的心扉。如果你首先对他（她）讲了心里话，他（她）也会以心报心，自然会向你说心里话，这样一来，夫妻间就会逐渐成为一对知心人了。

●贴心才能知心。

了解人心不是一件轻而易举的事。不过，人的心理也并非神秘莫测，还是可以认识的，只要做一个有心人和细心人，对爱人言行举止进行细致的观察和体验，就能够了解他（她）内心的秘密。这是因为人的内心世界的变化，都会在其外部行为和面部表情上体现出来。可以概括为一句话：听其言，观其行，知其心。

欲知心必细心，对爱人的一言一行都要细心体验、品味，尤其是对爱人的"反常"言行更应提高警觉，不可轻易放过。夫妻之间的特殊亲密关系，又为相互了解提供了极好的条件，非其他关系可比。因此每个人在关心、照料、帮助爱人的生活过程中，注意把握其内心世界的变化特点及其规律，就会逐渐认识和了解爱人的内心秘密。实践证明，夫妻之间照顾得愈周到、细致，相互了解也会愈深刻、愈透彻，二者是互为因果和相辅相成的。相反，一个人对爱人粗心大意或漠不关心，想真正了解爱人也是很难办到的。

夫妻应当彼此互相尊重和理解，更应该在心灵上互相沟通，所以夫妻应该做到：

●应打破错误的传统观念。

结婚后，生活确实变得现实多了，但只有不断发展类似婚前的那种恋情，平凡生活才会产生乐趣，人们才能从生活的繁琐中体味到互相支持与体贴的幸福。如果每天埋头于生活琐事，渐渐就让人产生厌倦的情绪，所谓“结婚是爱情的坟墓”的感觉也就被印证了。

●要学会共同创建新的生活。

许多事情并不需要一天就完成。要注意从繁琐的事务中理出头绪，分清轻重缓急，学会忙中偷闲。因为夫妻俩的娱乐和感情交流，不仅仅是巩固和发展夫妻关系的需要，同时也是对繁忙紧张工作的调剂，它可使紧张的神经、压抑的感情得到放松，从而使人们能以旺盛的精力和充沛的体力，去工作和应付日常事务。

●不要总是想到自己的尊严。

一般来说，夫妻之间不要有什么计较，谁是谁非、谁高谁低、谁多谁少也不必分得那么清，还是少一点自尊为好。尤其是在性生活上，谁也不要笑谁表现得主动，或谁表现得热情，因为主动热情本身，就是对爱人的一种爱恋、尊重与信赖，对方若以此取笑，岂不是不知好歹！

●男人对“男子汉”要有正确的理解。

真正的男人应该是：既懂大义又明细理，既有七情六欲又会恰当地进行表达。那些居高临下、自以为是、缺乏温情的、冷酷的男人，实际上是不健康的人。

●增加性生活的和谐。

这也是强化夫妻感情的一种黏合剂。夫妻间如果在性生活上有了问题，一定要去寻求专门的科学指导，否则，一生中几十年都在这种痛苦中度过是相当不幸的。

●要在婚后继续表达爱慕之情。

我们应该知道，夫妻感情的加深与稳固，取决于自身的努力。人的感情会随着生活条件、地位、交往对象的变化而变化，只有不断地沟通，使双方相互理解，并彼此为对方着想，多多体谅，才能维持和发展夫妻间的感情。为此，夫妻间应学会表达自己的感情，适时地对配偶的行为给予回应，赞扬的事要说出口，反对的事要讲究分寸与策略，装聋作哑，只能害己害他（她）。

第二章 围城曲径

一首志同道合的歌，一曲琴瑟和谐的谱。

受时尚的影响，追求阳春白雪，曲调失和别扭。这不能怪妻子的歌不新，也不能怪丈夫的曲太旧，这是生活给我们出了一道难题。既然已经相互选择，就必须面对。千头万绪，鸡毛蒜皮，斩不断，理还乱……

制约婚姻幸福的七大因素

人们不是生活在真空里，尤其是在这价值取向发生巨大变化的今天，再纯真的爱情也会受到社会环境的影响与冲击。婚姻的幸福也必然经受着种种考验，需要人们去面对。

婚礼的丰俭

婚礼的形式如何，对于结婚的人来说，是有着很大影响的。如以婚礼的形式对结婚的人来分类，大致可分为两类。

第一类是不健康的心理

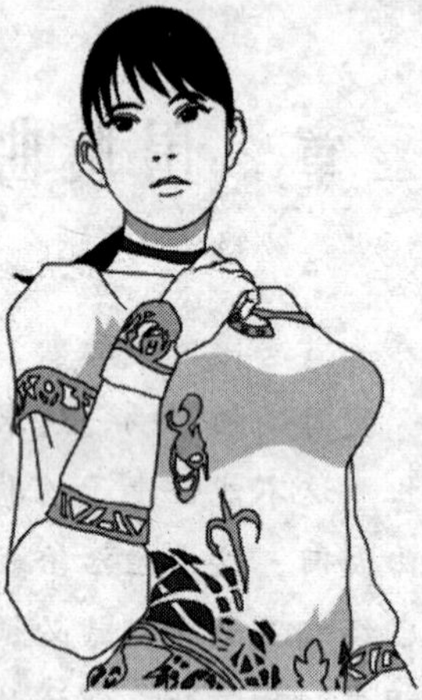

●虚荣心。

这类心理表现在想显示自己，而特别重视婚礼的排场，摆谱，讲阔气。认为排场越大，说明自己越有本事和地位，所以不惜一切地想把婚礼搞得隆重，借以向人炫耀自己。他们把这些看成是大方体面，而看不起那些简单的婚礼，认为那是小气，土气。有的新婚夫妇借钱去摆酒设宴，借钱去租小轿车，结果苦的只能是他们自己。

●把婚礼当成交易。

这种人的眼光很短浅，只看到眼前的一点利益，把婚礼的排场，看做是人生的一件乐事，并把它看成是一种获得钱财的交易。他们不惜一切地把婚礼搞得体体面面，并给所有认识的人发请帖、打电话，告诉他们何时何地举行婚礼，请人务必光临。其实，说是真心想得到别人的祝福，那是一句假话，他们的目的，是要别人多多地给他们来捧场、来送贺礼。他们的心里，存在着一种很不健康的想法：以前我没有结婚的时候，都是给别人送礼，送了那么多，现在终于到了别人给我送礼的时候了，可得好好捞一把，要不然不是太亏了吗？

●受社会不良风气的影响。

有的青年人认为，结婚举行婚礼是一件极为重要的事，一生中也只有这么一次，破费一点也在情理之中，没有什么了不起的。于是，结婚的时候，大讲排场，摆阔气，大手大脚地花钱，觉得这才像是结婚。有的甚至同别人比气派，你的婚礼在一个很豪华的酒店，那么我要比你的更豪华；你摆了10桌酒席，那么我就摆20桌；你坐的车是奔驰，那么我坐的车就必须是凯迪拉克……如果你本身有这个能力，那比也就比了，大不了多花点钱，可最担心的就是那些打肿脸充胖子的人，本身就没有多少积蓄，但是为了要面子，还是死撑着。因为婚礼大事铺张，把几年的积蓄全部都花光了，伤了元气，几年也很难恢复，有的借钱办事，欠了一身的债，弄得婚后没有一天安生日子过。

●没有自己的立场。

也有很多青年人，知道结婚讲排场是没有多大用处的，也不想这么做，但是顶不住各方面的压力，别人都那么办，惟有你不这么办，别人的闲话不说，就单是男女双方的家长，就让人受不了。年岁大一点，思想总是比较保守一些，男方认为，不办得像模像样的，会让人笑话，以为是娶不起儿媳妇。而女方的家长，则认为男方没有好好地将女儿迎进门，说明女儿脸上没有光彩；风风光光地娶亲，才说明女方的身价高，家长脸上也跟着光彩。

第二类是健康的心理

●旅行结婚。

现在旅行结婚已经为越来越多的人所接受，这种形式不仅可以减少许多不必要的开销，还可以使夫妻双方在最好的状态下，去观赏名胜古迹，游览祖国的大好山河，不仅饱了眼福，还得到了美的享受，更能让夫妻两个人增强对祖国大好河山的热爱，还会让他们感受人生的美好，而备加珍惜现在拥有的生活。

●集体婚礼。

这种婚礼，不仅打破了过去的婚礼模式，而且还有助于给婚礼增加新的情趣，是很值得提倡的。

●简易婚礼。

不摆什么喜宴，也不讲究什么仪式，只是在结婚那一天，请几个最要好的朋友，通知双方的家长，自己弄一桌好菜，买一点糖果庆贺一下。这样做，既热闹又省钱，是现在最普遍的一种形式。

婚礼是走进家庭、走进婚姻的前奏，是人一生中最难以忘怀的事，为了让这一时刻在记忆中留下永恒的回忆，那么，不妨采用一种自己认为好的婚礼仪式，让它留在记忆里永不褪色。

夫妻年龄的差异

夫妻年龄的差异对于婚姻是有着很大影响的，也是恋人们很重视的问题。那么，到底夫妻年龄相差多少，婚姻才最好呢？这个问题很难做出回答，更不可能准确地说出到底是多少。因为，爱情本身是一个很微妙的东西，它在很多的时候，是不能用常理来推断的，它常常会有一些让人想象不到的事情发生。同时，它也是由很多因素构成的，这些因素之间相互联系，相互影响，共同作用。年龄对于婚姻的影响，只是诸多因素中的一个方面。

●夫大妻小。

一般从生理上来讲，丈夫比妻子在年龄上大 8 岁，对夫妻婚姻是很有利的。

从生理特点上来说，女孩子一般在 13、14 岁开始来月经，而男孩子则要到 15、16 岁才开始出现遗精现象；女性在 45 岁到 55 岁便进入了更年期，排卵和月经停止，失去了生育的能力；而男子则要到 55 岁到 65 岁才进入更年期，两性相差了将近 10 年。所以，丈夫比妻子大 8 岁，在生理上符合两性的自然规律，双方在生理上能够达到和谐，有利于夫妻间的和睦。

从心理上来说，丈夫比妻子的年龄大也是很有好处的。比如说，生活经验相对地多一些，性情也不像年轻人那样急躁，而是相对稳重一些，细腻一些，成熟一些。知道如何去体贴和照顾对方，使对方感到自己没有选错人。因为现在很大一部分女性在选择丈夫的时候，总是想找一个既是丈夫又是父亲和兄长的人。而丈夫年龄比妻子大，正符合了这一要求。从而使得婚姻很美满，这是完全有可能也是在情理之中的。

●妻大夫小。

妻子的年龄比丈夫大一点，在思想上也就比较成熟，处理事情会更慎重，思考问题也会更全面，遇到什么事不会太多地感情用事，而是用理智来思考。因为年龄大一点，生活经验就会相对地多一些，生活中的计划性强，经济开支能合理地安排，也就是说善于理家，这对于丈夫来说无疑是一个莫大的安慰。

当夫妻双方发生矛盾时，年龄大一点的妻子往往不会像那些不成熟的小妻子一样，乱发脾气，到最后还要让丈夫去劝。一般情况下，妻子都会控制住自己的感情，冷静地想一想，然后采取最好的解决办法，巩固夫妻间的感情，而减少家庭矛盾的发生。

妻子年龄大一些，对于人情世故，往往会处理得更好一些。当丈夫在外面遇到不高兴的事时，她总是能体谅到丈夫的心情，用特有的温柔去抚慰他，让他感到家里的温暖，用妻子的柔情，激发出他的内心深处的感情，从而丈夫会更加爱自己的妻子，自己的家庭。

夫妻间的年龄组合，并不是说非要丈夫比妻子大 8 岁或是说妻子比丈夫大才是最好的，因为婚姻是由很多因素组成的，它包含着情趣爱好、性格、经历、生活方式等等各个方面，不能太笼统片面地回答，况且婚姻也并不是只靠年龄来决定的，所以，一切都要从实际出发。

恋爱时间的长短

爱情的产生，不是一蹴而就的，是需要一步一步慢慢来的。也就是说要有一个发展的渐进的过程，爱情是需要一定的时间了解的。经过一定时间的了解，彼此能够接受，经得住时间的考验，才是真正的爱情。

有些青年男女之间的恋爱结婚是闪电式的，最后的结局有很多都不如人意。恋爱的时间，最好是持续 3 年到 5 年。一般来说，恋爱的时间相对长一些，对对方的了解就会多一些，爱情就减少了些盲目性，就能将对方的缺点不足和优点看得清楚一些，爱情的基础就会牢固一些，而婚后的生活也会多一些美满和幸福。也可以说，时间长一些，爱情有个好结局的机会就会大一些，但也不能太长久。

婚姻的建立，是需要一定的时间了解的，但并不是说，每一对恋人都要经过很长的时间，现在的人结婚恋爱相对的要比以前容易得多，现代人开放热情，彼此的接触也很随便，不一定说非要等上几年，但一定时间的了解是不可缺少的；但也不是说时间越长就越好，如果那样的话，可能彼此没有了相互吸引的力量，甚至会使爱情变质。正确的作法是，让爱情自然地达到最理想的境界，然后再走向婚姻。

结婚年龄的大小

什么时候结婚？是早一点，还是晚一点？

太早结婚，各个方面都不很成熟，生活经验少，往往会使夫妻感情不和，最终导致离婚。专家们认为男子在 29 岁的时候结婚是最好的，而女性则是 24 岁。

很多事实表明，青年男女还是晚一点结婚比较好，这固然有国家提倡计划生育的一个因素，但更多的则是从生理和心理方面考虑。

从生理上讲，二十几岁的青年，身体发育刚刚进入成熟期，一般要到 23 岁至 25 岁才能完全发育好。如果很早就结婚，不仅会阻碍这些器官的发育，还会给身体带来损害。

从心理上来说，晚一点结婚，双方随着年龄的逐渐增大，都会变得成熟，生活及社会经验多了，处事也不再浮躁，对于婚后的夫妻生活及家庭生活都会带来很大的好处。

晚一点结婚也可以对对方更多一点了解，这也是很必要的，而且还可以多做一些自己喜欢的事情。因为，无论怎么说，结婚后，即使家庭关系处理得再好，也会被家庭占去很多的时间和精力，不可能像以前那样把心思全部放在工作和学习上。

虽然如此，但并不是说结婚越晚越好，人毕竟是不能违背生理常识和自然规律而行事，总不能让一对恋人到头发白了的时候才走进婚姻殿堂吧？

结合方式的同异

在现实生活中，大多数婚姻的建立，都是经过以下四种途径：

●在工作和学习或是在日常生活中，自然建立起来的感情。

●通过别人的介绍，然后逐渐在交往中建立起来的感情。

●受父母之命或是媒人说合而建立起来的感情，这种感情是被动的，带有包办的性质。

●只是偶尔见一次面，但却一见钟情。

虽然有四种建立婚姻的途径，但归结起来，可以分为两种形式，那就是“先恋爱，后结婚”和“先结婚，后恋爱”。

也许大多数人都认为第一种形式会更有利于婚姻，因为，双方在没有进入婚姻的时候，就有了一个比较全面的了解和认识，这样的结合，是有一定感情基础的，对于婚姻从情理上说应该是很美满的。但事实上，并非像人们想象中的这般好，我们时常会看到那些自由恋爱的夫妻在走向婚姻后，却没有安生的日子过，吵着闹着要走出婚姻这座围城。而那些经过别人介绍的，并没有多少感情基础的夫妻，过得却很和美。这是为什么呢？一种婚姻，产生了两种不同的结果，幸与不幸。

在实际生活中观察，造成这种现象的原因，大致有以下几个方面：

●恋爱时间很短，双方还没有真正地了解对方，只是还处于那种一见钟情的感情阶段，就很草率地举行了婚礼。而在此之前的日子里，两个人都尽量把自己好的一面展现给对方，将自己的缺点和不足掩饰起来，于是“情人眼里出西施”，觉得对方的一举一动都是好的，以至于虽然看到了对方的缺点，也被炽热的情感所淹没了。但婚后的生活，让夫妻两个朝夕相处，渐渐地对对方身上的缺点和不足都清楚了，原来的那种朦胧的感觉全没有了，看清了对方的庐山真面目，就会越来越多地感到彼此的不适应，觉得对对方的了解还不够，觉得在一起生活很不幸福，产生更多的叹息，甚至苦恼，想逃避，于是就出现了离婚。

●婚前对婚后的生活充满了渴望，觉得婚后的生活一定会更美好，更有情调。可一旦结了婚，才知道，原来完全不是那么一回事，于是，就出现了现实与期待之间的反差。在恋爱时，整天的卿卿我我，逛公园，看电影……花前月下很有诗意，但是结了婚之后，那些诗情画意全没有了，取而代之的是那些永远重复的枯燥无味的家务和那些鸡毛蒜皮的小事。这一转变，让许多的夫妻感到不适应，因为他们还没有任何的心理准备，但又不得不面对现实，于是，就会产生矛盾，处理得不好，就会使夫妻感情破裂。

●现在提倡男女平等，但也有很多的夫妻却因为提倡男女平等而使婚姻走向死亡。在婚姻中，绝对的平等是不可能存在的，任何夫妻不可能在什么地方都一样，总会存在这样或是那样的差异，这就注定在生活中总会出现不平等。只有在感情上实现了平等，其他方面的平等才能实现。而感情的平等，最重要的就是相互了解、相互信任、相互包容、相互协调，夫妻之间之所以会出现矛盾，就是因为没有足够的包容心和相互协调的能力。

●有的夫妻认为结了婚，就像完成了一件大事，觉得自己没有必要再去培养爱情了。既然爱情有了结果，也就不用再浪费时间和精力了。慢慢地，彼此间的感情就淡了，甚至出现裂痕，最后就会走向离婚这条路。造成这种结果的原因，就是因为双方都犯了一个最大的错误——不知道婚姻是需要去营造的，感情是需要去培养的；爱情不是天生永恒的，它需要双方付出终身的努力。

“先恋爱，后结婚”，这种被人认为是很好的婚姻却使很多的人不幸福，那么为什么在人们的眼里，不合常规的“先结婚，后恋爱”却能够幸福美满呢？

这种“先结婚，后恋爱”的形式，它的存在是有前提的。它已经得到了法律的保护，是合法的，男女双方都必须从现实出发，维持婚姻的存在，且应尤其注重婚后感情的培养，因为他们要在一起生活，要从无感情发展到有感情，到后来谁也离不开谁。

无论是哪一种方式的结合，都有幸福的和不幸福的，能否有一个圆满的结果，这完全在于双方是否重视这段婚姻，是否用平等互谅和互相关心来对待对方，不断地培养和增进相互的感情。

个性的差异

夫妻在兴趣、志向等方面比较一致，会使两个人共同的话题多一些，不觉得无话可说，会增进彼此的感情。但如果在气质、脾气上不一致，好像就没有这么乐观，可能会因为一点小事而发生不愉快的事情。因为两个人都很倔强，谁也不肯向谁说一声对不起。其实，只是一句话而已，没有什么大不了的，但两个人都僵着，就会产生一些不必要的麻烦，以致伤害夫妻间的感情。

夫妻组合，最好的是夫妻两个人在个性上互为补充，在志向上又彼此相近，才能够彼此适应，做到相互谅解，自觉协调夫妻关系。

夫妻在个性上互为补充，能避免很多矛盾的产生，有时候，还可以避免灾难。

个性互补有利于夫妻生活更加和谐融洽，对婚姻生活也是有很多好处的。夫妻两个人如果做到在各个方面都互为补充，显然是有些不太现实的，但只要做到大体一致，互相协调，是很可能的。为了让今后的婚姻生活更幸福更美满，夫妻双方不妨在个性互补上多下一点功夫。

事业的成败

“爱情是男女青年共同培育的一朵鲜花，倘若把它囿于一个私人生活的小天地，就要枯萎凋零，只有使它根植于‘为人类幸福而努力奋斗’的无限土壤中，它才会永开不败。”黑格尔的这段引人深思的话告诉我们，爱情与事业，两者相互联系，成为人一生中的两大精神支柱。

爱情可以成为事业成功的动力，在爱情的支持下，让事业更辉煌。爱情的力量可以让人情绪高昂，不怕困难，不怕挫折，去战胜前进中的一个又一个困难；但爱情也会成为事业上的阻碍。爱情可以激发人，但同时也可以毁灭人。处理不好爱情与事业之间的关系，可能会让你一生都后悔，会在围城中把自己困死；但如果你处理好了，爱情与事业两者兼而有之，那么你的一生就会很辉煌。

爱情制约着事业，反过来，事业也同时影响着爱情。事业的成功会为爱情锦上添花，爱情的成功更可促进事业的辉煌。爱情与事业紧密地结合在一起，才是真正的爱情，才是最高尚、最让人难忘的爱情。而那些脱离了事业，整日卿卿我我的爱情，就失去了它生活的根基，不仅难以长久，而且也会失去它的人生意义。

夫妻间致命的六条隐患

夫妻本来是由男女独立的个体组成，既有相对独立的一面，又有协调融合的一面，是对立统一的。在社会生活中必然有矛盾、摩擦的存在。这就需要警惕那些潜在的隐患。

感觉出了错误

人非圣贤，孰能无过。人对事物的判断，不可能是完全准确的。

夫妻双方对感情发生了错误的认识，这不仅与外界事物复杂的关系有关，它往往还会因此而难以区别事物的表面现象与内在的本质。除了感觉的东西外，几千年封建思想的影响也是一个重要方面。

嫉妒对于爱情有很大的危害。嫉妒与爱情总是同时存在，却又是水火不相容的。嫉妒从意识出发，带有很大的主观性，往往嫉妒愈深，爱就愈狭隘。

看见对方穿得精精神神的，就以为是有了不良的用心，是去招摇，去吸引异性；看见屋子不整齐，就怀疑是否有人来过……这种错误的想法，如不能及时地消除，就必然会使夫妻间产生一座难以融化的冰山，造成双方的心理创伤，最终导致感情的破裂。

个性失调

夫妻间的个性相容，有利于感情的发展，但如果个性失调了，则会阻碍夫妻感情的发展。与相容相对应的失调，是指夫妻间在性格、爱好、兴趣等各个方面达不到一致，也就是合不来。

夫妻间的个性对于夫妻感情是一个很重要的因素。如果达不到和谐，那么对感情的影响是很严重的。如：一方喜欢看电视剧，而另一方却总想着要看什么比赛；一方喜欢呆在家里，而另一方却喜欢到外面去游玩……这些不和谐的现象，都会影响到夫妻感情的发展。

所以，夫妻双方无论是在婚前还是在婚后，对于个性失调都要引起高度的重视。如果在婚前就发现个性不能和谐，那么就千万不能把它放在婚后来解决，应该在婚前就做一个了断，免得到后来痛苦更大。

夫妻个性的和谐，并不是天生就有的。这需要在共同生活的日子里，彼此互相协调，发现彼此不协调的时候，要善于换位思考，相互理解，勇于放弃，这样才会有利于夫妻个性的和谐，有利于婚姻生活。

孩子成为家庭的隐患

中国有句古话："不孝有三，无后为大"。传宗接代这似乎已成为家庭千年不变的真理。那么，那些因为种种原因而不能生育的家庭，要面对的是什么呢？一个很严肃的问题：离婚。

这些都是悲剧，但悲剧的产生源于那些传统的观念："养儿为防老"。可是，再看一看今天的社会，为什么又有那么多的不孝子，不孝女，他们真的起到防老的作用了吗？人之所以那样强调生儿育女的重要性，其实，从内心深处讲，对他们来说，有或者是没有，并不是那么重要，只是他们太注意别人的目光了，总活在别人的世界里，他们怕别人说他们绝后或是更难听的话。

传宗接代的思想，在很大程度上受到周围人的影响，又加之有中国的传统思想，久而久之，人们的思想就会趋于一致，认为人的一生中不能没有孩子。而对于那些不孕的人来说，来自周围的大多是嘲笑、讽刺，或是一些廉价的同情。这样，他们就会感到很自卑，好像是自己做了什么见不得人的事。离婚的悲剧往往是因为承受不了这些而产生的。

其实，那些传统思想，在今天已经被越来越多的人所抛弃。有的夫妻，虽然他们有生育的能力，但却并不想要孩子，有的则是到孤儿院去领养孩子。

维持破裂的婚姻

在生活中，有很多家庭是名存实亡的，但却仍在维持着。究其原因：

一是因为孩子。毕竟夫妻离婚受到伤害最大的是孩子，双方出于对孩子的爱，而维持着这个婚姻。

二是因为经济方面的原因。有的可能是拥有雄厚的物质基础，一旦离开了这些，生活就会变得很困难。

三是社会的原因。这是一个很复杂的问题，涉及到方方面面，比如说社会的评论、道德、良心，等等，迫使他们不得不维持着没有意义的婚姻。

四是彼此仍有感情，但却在很多方面很难协调，为了不伤害对方，不辜负对方的爱，而维持着婚姻。

离婚是一件很不幸的事情，但同床异梦的生活难道不是更大的不幸吗？如果婚姻实在无法维持下去，并且对双方都造成了伤害，与其这样艰难地维持下去，还不如放弃。

婚外恋

婚外恋，已经成了现代婚姻中最大的困惑。由于各种原因，丈夫可能背着妻子在外面有了情人，他们在婚外寻找到了那种久违了的激情的复苏。

为了挽救婚姻，不少女性已经做过了很多的尝试。有的对丈夫特别的温柔体贴，有的特别强硬，有的找长辈劝说，有的控制金钱，有的甚至找那个勾引丈夫的女人当面谈并以自杀相威胁……但结果却都不尽如人意，丈夫可能会收敛一时，或者是阳奉阴违，或者是不理不睬，更有甚者是干脆摊牌，法庭上见。

洞察丈夫是否有外遇，以下几条可供借鉴：

●观外表。

凡是有外遇的丈夫，无不显得精神焕发，原本对自己的形象一向马虎的人，也会突然注意起自己的打扮来，整天西装革履的，但却不愿意让妻子对他加以评价。

●看时间。

丈夫借口加班、应酬，频频晚回家，突然对妻子的行踪很关心，对她的时间安排，何时上班，何时下班，何时出差，何时加班都一清二楚。假如这不是为了及时去接妻子或是想把饭做好，那么就是为了去和情人约会安排时间。

●听电话。

丈夫突然热衷于接电话，一听到电话铃响，就三步并作两步地跑过来，妻子一问是谁，就含含糊糊地说是公司打来的，或者说是别人打错了的。

●体验性。

妻子会明显地体会到做爱的质量下降，他似乎是心不在焉，做爱的时候也没有多少爱抚，往往是妻子要求才进行。

●查习惯。

丈夫多年一成不变的习惯有了很大的改观，比如，以往从来不加班，现在却频频地加班，很晚才回家；以前有爱喝酒的毛病，突然也改过来了。

●看活动。

丈夫的兴趣爱好明显改变，开始做一些以前不愿意做的事，如打篮球、踢足球等等，或者是长时间不去钓鱼也不念叨了，他还不时地抚唇微笑，好像正想着刚才被谁吻了一下。

●验性格。

丈夫突然性格大变，以前是个活泼热情的人，现在却变得不爱说话了，对妻子也不再是宽容温柔，而是变得喜怒无常，十分让人难以捉摸。或者一个从前无所事事的人，突然变得积极进取了。

●看开销。

丈夫的开销可能会急剧增加，借口说买烟，或是去医院看望病号，把钱自已藏起来；或是向别人借，当问起来的时候，就说自已也不太清楚花在什么地方了。

●求实证。

在丈夫的身上和脸上发现一些蛛丝马迹，他的衣服上沾有香水味，他的头上和身上有另外一种味道，他的衣服里莫名其妙地出现了电影票、手帕，衣领上有唇膏的痕迹。

一个细心的女性是很容易体察到丈夫身上的那种细微的变化的，她凭借着直觉就可以做出正确的判断。但是，当丈夫有了外遇，只是知道是不行的，那么该怎么办呢？

●女性不能对此显得毫不在意，在有确凿证据的情况下，要夸大其词地说出你有多难过，告诉他，他给你带来多大的伤害，给这个家庭带来多大的伤害。“我已经清楚地知道你在外面有一个相好的人，这让我很伤心，我已经把我的全部都给了你，你要离开了我，那么，你也就真正地伤害了我，我不知道你为什么要这么做，我希望你能冷静地考虑一下这样做会产生怎样的后果。”说这些话的时候，必须选择恰当的时间，地点，应该是两个人的空闲时间，并没有第三个人打扰。

●如果对方承认这件事，就应该给他一个机会，让他说出对自己或者对家庭有什么不满的地方，还是因为自己做错了什么事情，而让他产生了婚外的恋情，更重要的是让他说实话，而你要有一种解决问题的诚恳态度。

●女性要善于从自己的身上发现不足的地方，当丈夫说出自己的缺点时，虽然很难堪，但也要让他说完，更应该仔细冷静地想一想，他为什么会移情别恋，是不是自己对他的关心太少，而把太多的时间放在家庭和孩子身上了，想一想这一段时间，两个人的性生活是否和谐等各个方面的原因。

●想清楚自己身上存在的问题后，女性要更加体贴和关心丈夫，使他感到家庭的温暖，让他自己感觉到如果有了婚外情，会产生一种负罪感，觉得对不起你。

●在爱情的道路上，没有一帆风顺的，但往往是那些经过风雨的婚姻才更牢固。夫妻间出现了婚外恋情，并不都是无法挽救的，只要对方诚心想改正，而你对他也还有感情，就应该给他一个机会，这就需要女性在处理婚外的恋情时，应注意：

不能轻言离婚；照顾好自己和孩子；努力做好丈夫的思想工作；除了丈夫的父母外，不求助于任何一个局外人；更加温柔体贴地对待丈夫；洁身自好，耐心地等待对方一段时间。

经济所带来的危害

婚姻不等于经济，但家庭生活却离不开经济。夫妻两个人在经济上能否达成一致，对于家庭生活是否美满也是一个很重要的方面。如果经济问题处理得好家庭生活就会很平静也很和美。但如果处理得不好，就可能战火纷飞，将家庭弄得支离破碎。

的确，人活在这个世界上，没有钱，谁也活不了，但有了钱如果处理不好，也并不是一件好事，它往往会对家庭产生负面的影响。当家庭完全被金钱占有，什么都要用钱来衡量的时候，精神、文化、感情、道德便失去了价值，那么离婚而导致家庭破裂的悲剧就在所难免。即使一时维持着家庭的存在，感情在其中所占的分量也一定是很轻的。

挣钱的时候，应该问一问自己，我挣钱的目的是为了什么？不是为了让家人生活得更好一点吗？可是，当钱挣足了的时候，你的家庭又是怎样的呢？

我们不提倡离婚，因为那毕竟会给人——无论是自己，还是别人带来一定的伤害，但我们却也不反对离婚，如果两个人真的一点儿感情也没有，那么这样的婚姻维持与解散又有什么区别呢？离婚，不同于儿戏，应慎重考虑，什么样的婚该离，什么样的不该离，要再三权衡后才能做决定。

外遇，红灯闪闪

随着改革开放与物质和精神生活的丰富，人们的价值观念、需求层次、生活方式、审美观念，都发生了很大的变化。一些曾经“委曲求全”、“凑合着过”的家庭便以一股特有的力量，冲击着既有的束缚。于是，旧梦重温或寻求新的爱情寄托，使婚外恋越来越多地出现了。

一旦夫妻一方有了外遇，另一方与之吵架、争执或无休止地嫉恨并不是良好的方法，甚至可能更遭对方厌烦，反而使夫妻感情恶化。此时，应仔细想想，为何对方会有外遇？是性生活不满意？是自己不够体贴？还是自己有某些言行使对方不满意？恶化的夫妻感情在对方有外遇时再企图挽救，往往较为困难。

当外遇造成婚姻的危机时，双方应开诚布公地谈一谈，看究竟感情复合的机会有多少？第三者在中间占多大分量？如果夫妻双方都认为婚姻尚有维系的希望，则应针对以往婚姻失败的原因多加思考并及时改进，以修复夫妻的感情。如果夫妻任何一方认为婚姻无法继续维系，两个人继续生活是痛苦的，则暂时的分居或离婚也许是最好的办法。

男人的外遇

男人的外遇不一定是因为太太有问题（很多有外遇的男人经

常以此为借口）。事实上，很多外遇者的妻室贤慧无比。当先生有外遇时，太太固然应当反省，看自己有哪些因素直接或是间接地导致先生有外遇，但她不必自责太深，人不可能十全十美。当先生对太太有所不满时，除了外遇以外，还有好多种方法可以解决与太太之间的冲突，而外遇只是一个最不负责任、最笨拙的方法，所以外遇者本身应当负起责任，不应该推卸给受伤害的配偶。

男人的外遇观念：

●外遇是男人的专利。

男人若有这种观念，无形中便会去找女人试探。若加上他地位不错，外表不错，甚至有女人投怀送抱时，他便没有能力拒绝，更不会理智地考虑到一切后果。一直到所有的问题、困难、冲突都出现了，他即使悔不当初，有时也不是能很快地就可以回头。

●外遇是男人成功的印证。

俗语谓“饱暖思淫欲”，飞黄腾达，做事无往不胜的中年男人常常掉入外遇的泥潭中。主要是事业发达时容易混迹于风月场所中，增加了对女人予取予求的机会。事业发达的男人也因社会阅历较多，较老练稳重，容易夺得女人的欢心，外遇事件于是层出不穷。

●外遇是男人事业败落后的知己。

社会上不乏事业失败的男人去寻求外遇的个案。虽看似奇特，仔细分析时，其实不足为奇。事业的失败对男人是个最大的打击，他的自尊心、成就感完全降低。此时若有红粉知己倾心相许，最容易让他觉得自己仍然保持着虚伪的成就感。也有外遇导致事业容易失败的案例，到底是外遇造成事业失败，或是事业失败导致男人有外遇，两者之间的因果关系不易断定。

●外遇是男人寻求刺激。

有关“性”方面的问题，男人女人反应各不相同。男人生理性要求一般较强，行动时不需有特定对象，每次射精均会有高潮，但心理却脆弱，最容易有挫折感。女人则较重感觉，被爱时才会动情，需时较久，一般较为含蓄、被动。因此，若太太非常贤慧，与先生做爱时若仍然太矜持、正经，一板一眼，或是完全处于被动，这对先生即是一个沉重的打击。这就是为什么很多先生明明知道太太不错，却仍然逗留在风月场所中与风尘女郎鬼混的原因。

男人有外遇其实归根结底，只有一个主要的因素——男人需要成就感。

事业成功时，他要增强成就感；事业失败时他要维持成就感，性生活中他要的还是男人的成就感。总而言之，男人生活的目标就是要有男人的成就感。

顺服则是你驾驭男人最好的方法，因为只有顺服才能给丈夫成就感，而不是与他争强斗胜。

女人的外遇

随着社会的变迁，家庭女性有外遇的个案愈来愈多，虽然不像男人外遇那么多，但女性外遇对当事者、双方的家庭及社会所造成的破坏力比男性外遇还要严重。女性外遇的原因：

●与旧情人死灰复燃。

人的本性中对得不到的东西有迷恋的倾向，却往往会苛求于他已经拥有的。对于“婚姻”也是如此。每个人在婚后，很少不曾在某些时候后悔他的婚姻的。此时，如果夫妻间因为冲突日趋严重，彼此之间就愈看愈不顺眼，加之碰上旧情人大献殷勤时，外遇的现象便很容易发生。

事实上，夫妻相处日久，一定会发现彼此有很多的优点与缺点。与旧情人复合的主要原因是想念旧情人的尽是优点。女性若处在这种状况时，应该引起警觉。否则贸然地与旧情人复合，便会发现自己是处在一个充满荆棘与虚伪的感情漩涡里，更苦的是，女性若有外遇很难有再回头的机会。

●惟美主义的追求。

惟美主义者追求绝对的美，强调刹那之间的充实与感受，却很容易忽略了人本性中的贪婪、私心、占有欲以及脆弱的心灵。女性惟美主义者追求与知己之间的深交，为了这种境界，赴汤蹈火在所不惜，而且她们认为凡夫俗子永远不可能体会他们这种爱的境界，很多女性外遇者经常是在这种状况下越轨的。

婚姻生活中，美的定义应该不只是上面这种主观的美。木讷的先生是美，平静的生活是美，含蓄而不善表达的感情也是另外一种美。重要的是要看美的持久性与稳定性。惟美主义式的外遇可能一时令人感觉很美，但是它的持久性与稳定性却相当低，而且破坏性很强。一旦那种抽象不实际的美感消失，最后还是以痛苦与悔恨收场。

●沉沦放纵。

很多女性的外遇是因为她们处在一个容易有外遇的环境或场合内。最常见的是地下舞厅、赌场，或是过分自由与开放的社交场合，常常有很多夫妻成群结队地到地下舞厅去跳舞，而且各带各的配偶，理论上应该不会有什么差错，然而却弊端丛生。因为不可能大家永远只挽着自己的配偶跳舞，总会交换舞伴；并且自己配偶的舞技也不一定是最好的，有些女性会觉得与别人的先生一起跳舞更有成就感……很多女性受引诱就是在这种状况下开始的。

●缺乏真爱。

有些男人认为一旦结婚，夫妻两人的关系便永远确定。男人永远高高在上，太太必须在家做牛做马。他不“疼惜”自己的太太，以为自己赚钱养家，太太理所当然应该服侍他。这种观念久而久之自然就完全忽略了太太的感觉与需要，他以为对太太只要严加管理或者拳打脚踢即可，殊不知女人的韧性很强，她可以逆来顺受，甚至于相当的“认命”。但是这种受到虐待的女人一旦有人对她表现温柔体贴时，她很容易对别人“倾心”，万一有人积极追求，她也许会很自然地走上外遇之路。为人先生者应该以爱来对待妻子，好好爱太太体贴太太，多花时间与太太相处沟通，这是避免太太有外遇的最好方法。

外遇的预防

●增强对对方的吸引力。

吸引力或维系力不够，不见得是当事人的错。事实上，有很多贤慧能干的妻子或忠厚的先生，也可能会有外遇的行为。所以不要以“我又没有做错任何事”来质询对方为什么有外遇？而应该静下心来，以如何提高夫妻之间的维系力，增强自己对配偶的吸引力为着眼点。例如：第三者有什么特点吸引着我的配偶，我应如何加强？或是什么因素使配偶离开我？如何减少这些因素？不要以为尽了本分或做做家务就已经尽了夫妻之间的职责了。

●夫妻之间必须有爱的陪伴。

平日的殷勤灌溉、培养使夫妻感情日趋稳固甜蜜，是预防配偶外遇最好的方法。夫妻之间的感情就像名贵的植物花草，需要双方不断地努力培植。而且夫妻必须明白，感情比植物更脆弱，经不起摧残、玩弄，千万不要粗心大意。我们建议夫妻两人可以互相约定共同规划如下的活动：

①每日两人最少有 15 分钟的谈话时间，这点可视夫妻两人的作息状况来定。找出两人可相互倾谈而不受外界干扰的时间，千万不要小看这十几分钟的时间，若养成习惯，夫妻关系便多一层保障。

②每周最少应有一两次散步或逛街的时间，借着散步或一起逛街，可以使平日的沟通内容更自然，话题更生动。

③每月应有一两次外出就餐，共同到外面吃饭可以减少太太每天都做“煮饭婆”的挫折感，太太也可以借此让先生的胃口得到调剂，发现先生的口味，并学习新菜单，以便自己做菜时有效地调养先生的胃口。

④夫妻两人不妨抽空“约会”。两个人一起看电影或促膝长谈，就如婚前谈恋爱一样。不要以为那是肉麻兮兮的，夫妻间谈恋爱的感觉必须常常培养，否则爱就会老化、干枯。

⑤每个季节应有一两次全家的郊游、野餐或家庭式的运动节目，借以增加家庭欢乐的气氛，提高全家大小的亲情关系。很多离异的夫妻，经过分析后发现他们家庭生活的主要特征是僵化、死板。全家共同的活动可以增加家庭成员对家的向心力。

⑥夫妻每年应有一次“蜜月”。“蜜月”不必太长，只要一天半就够。夫妻两人把所有的事情都搁下，有一天半的时间在一起，不应该是太奢侈的事；住较好的旅馆、上较好的餐厅、注重两人在一起的格调与气氛，开支虽然略多，但对夫妻两人的感情有相当大的帮助和益处。

●加强夫妻之间的沟通。

夫妻沟通可分为以下两种：

①家庭生活细节。

即使只是有关夫妻当天生活的内容，虽然境界不高，但总比夫妻之间无话可谈好。若是夫妻平日话不多，可以选在配偶情绪好的时候，一起聊聊家中的大小事情，但也不能一直只在这种层次。

②爱的表达。

夫妻爱的表达减少，是很多已婚夫妻常有的现象，但不能视之为理所当然。因为不知不觉在一段时间后，夫妻便会愈来愈疏远，配偶之间的维系力愈来愈薄弱了。夫妻之间应该勇于向对方表示爱，或表示自己的感激。能表达爱的人才能享受更多的爱。

●注意夫妻两人的角色。

很多时候夫妻不和并不是其中有一方做错事，而只是两人的角色配合得不好而已。例如能干的太太可能会威胁到先生的男性尊严，太会做菜的先生可能会造成太太没有进厨房的勇气，太鼓励先生往上爬也可能造成先生的无力感……等等。像这些事基本上并不是错的，但是对配偶而言却可能产生极大的精神威胁，这类的事情就是夫妻两人角色配合不当，往往当事人很难发现，这就是问题所在。

●注意配偶的情绪反应。

外遇绝对不会突然发生，它是渐进的。当事情刚发生时（或快要发生时），一定会在行为举止、眼神情绪、甚至在生理反应中有症状显示出来，因此夫妻之间应该了解对方的情绪反应及其中可能存在的含意。

●不要以为自己把持得住就处处留情。

要知道人性的弱点，提醒自己，避免可能的引诱才是上策。

很多人自以为很坚强，有原则、有分寸，认为跟异性聊天、散步、跳舞等，只要自己站得住脚、没有恶念，就没有关系。其实这是相当危险的。因为人的感情很容易改变，普通朋友突然之间很可能变成亲密的朋友，孤男寡女常常在一起，难免会日久生情。所以预防外遇的好方法，并不是仗恃着自己很坚强，就一定不会有外遇，而是应尽量避免可能的机会。

外遇的处理

对于外遇问题，一般人有两种普通的误解。第一种就是以为自己是个好太太（先生），则先生（太太）就一定不会有外遇。第二种是以为外遇者是中了邪或受了外界的引诱神智不清时，才越了轨。事实上，上面这两种见解并不完全正确。条件相当优越的女人、先生可能会有外遇；老实忠厚、木讷寡言、人人都说好的先生，他的太太可能认为枯燥、乏味、俗不可耐，因此也不能保证绝对不会有外遇。结婚不到三个月的人可能会有外遇，同样的，结婚将近30年的“老夫老妻”，在感情上同样有可能会出差错。

●处理原则。

夫妻必须去寻求、发现（或参考）第三者的吸引力，设法增强自己的吸引力。分析一下配偶喜欢什么？怀念什么？重视什么？再针对那些方面多下点心思去准备，但必须是很自然地在生活中流露，免得配偶以为你是故作姿态、假惺惺，吸力没有造成，反而变成推力，使他更讨厌你。

策略上应坚持不与配偶离婚，致使第三者等待成空，因此使外遇者产生不满也是一种方法。

外遇问题的处理，难点在于对第三者无法控制，在此状况下，原配只能从增强自己的吸力着手。

●处理步骤。

①冷静下来。

先冷静下来，分析一下到底事情是如何发生的？他们两个人的关系发展到什么程度？下一步会是什么结果等等。

②一哭二闹三上吊不一定有用。

若是哭能使配偶愧疚，当然不妨用哭取胜。不过问题是哭多了不仅没有实际效用，而且可能会产生反作用。而吵闹经常会使配偶心烦，受不了，更不愿回家，所以效果不彰。至于上吊，就算你不幸撒手归西，最高兴的还是情敌，所以千万别采用此下策。

③不要轻言放弃婚姻。

如果你选择放弃婚姻，最不幸的不是配偶，而是你。日后它会给你带来数不尽的唏嘘与孤寂。坚持绝不放弃婚姻，不仅让自己有更大的空间去努力，而且让第三者知道他们的前途并没有希望。

④不要到处哭诉。

原配不要到处指控配偶的不是。有些人不仅跟邻居诉苦，也向父母陈情，甚至到配偶的上司那里告状，颇有势不两立的劲头。在这种撕破脸皮的状态下，只能使配偶更没有脸见人，更没有台阶下，回头的机会便相对的减少。

⑤以退为进，学会包容、宽恕。

夫妻争吵阶段中，原配得理不饶人，一直说配偶不是，徒使配偶增加了“犯罪感”，这种“犯罪感”在无法排除时，原配容易产生“一不做，二不休，反正大家闹开了，我也没什么好保留的”心态，两人距离愈来愈远。相反的包容、宽恕、忍耐则较能使配偶有“愧疚感”，深觉对不起你，不敢再伤害你，这些方法会产生更好的效果。

⑥不要有报复行为。

为了“惩罚”配偶有外遇，自己也去寻求外遇以此来报复，这是在外遇问题的处理中最愚蠢的行为。这样不仅问题不能解决，两人关系会更加恶化，而且原配的权益（如赡养费、子女生活费，甚至于在道德面前的“地位”）也完全消失，且落人笑柄，当事者千万不可一试。

⑦不要在孩子面前吵。

孩子是最无辜的受害者。在争吵阶段，夫妻两人最常见的现象是用物质利益来收买孩子，希望孩子站到自己一边；另一个普遍现象是揭发配偶的缺点，好让孩子能了解事情的真相。如此一来，孩子心理上会有两边受包抄的感觉，最严重的后果是给孩子带来困惑、自卑及无所适从，造成心理缺陷。

丈夫“不回头”，妻子怎么办

当先生的外遇已严重到不可能回头时，下面的建议太太应考虑：

●不要轻易地放弃婚姻。

看到丈夫离意已定、冷酷无情时，妻子很容易会产生干脆放弃婚姻的念头，结果便宜了他们，却使自己与子女成了受害者。其实，若妻子表明立场，绝不放弃婚姻，甚至表明（或虚张声势）将采取法律行动，如此可以使原配与第三者的亲密关系受到威胁，时间一久，第三者可能会因没有结合的可能而退出。

●充实新的生活内容。

首先在观念上要认清，如果必须一个人过日子时，只要努力，也一样可以有充实快乐的生活。

●把受害减至最低限度。

不要让丈夫的外遇影响到自己与孩子的关系、工作的表现、个人情绪和健康。若能把注意力从丈夫转移到多与孩子接触、提升自己工作的品质上，也是疗伤止痛的好方法。

●经济上自立自足。

先生有外遇带给太太最大的打击，除了被欺骗的伤痛外，同时也面临着失去生活倚靠的对象。在这方面，职业女性会比家庭主妇好一些。此时，妻子必须学会有技巧地向先生多要点生活费;在家庭开支中,必须有储蓄的打算(不管钱多钱少,总比时时刻刻向先生伸手要好),若没有小孩的牵挂,妻子也可试着去求职,或在谈判时要求先生把某些不动产设定在自己的名分下。

●千万不要在小孩面前说丈夫的坏话。

纵使恨他，也不要在孩子面前提及。事实上，每个小孩都很聪明，他们知道父母谁是谁非，谁好谁坏，用不着任何人特别去“教育”。此外，在小孩面前说丈夫的闲话只会徒然增加小孩的困惑，而对事情丝毫没有帮助。

●宽恕、原谅配偶的不忠。

外遇者其实是个“情绪不成熟、良心矛盾、行为困扰、心力劳瘁”的可怜虫，与其恨他不如去可怜他。实际上，人性是很脆弱的，尤其男女之间，恩怨之事，自古以来，都是很难了断的。当丈夫有外遇而不回头时，若在情绪上能够宽恕他，不仅在情操上值得钦佩，而且家庭生活也不至受到太多的干扰，这当然不是一件容易的事。或者，以认命的态度来接纳残酷的事实，也比恨他要来得健康。

●契约或协议书上要注意的细节。

万一真的必须分手，签协议时必须清楚地记载有关内容：①赡养费或不动产的问题；②孩子的归属问题；③探望小孩的手续问题。谈判这些问题时，应该冷静，针对每一细节，详细讨论。若是草率签字，表示自己不在乎分手，就可能带来许多后患。

第三章　爱的艺术

婚姻不只是四条腿睡在一张床上，而是要两颗心变成一颗心，填在两个腔子里。

夫妻的存在，并不一定是永恒的激情，更多的是彼此的责任和依托：患难与共，风雨同行……

爱，需要沟通、体贴

当他和她还是个自由之神，渴望在人海茫茫中邂逅相遇，结为夫妻，共建幸福时，选择是多么神圣！神圣在于选择的现实、纯洁、理智，而不在于浪漫、复杂、冲动。

●现实。对方有可能和我结为永久的配偶，方方面面表明，我们能够同舟共济，经历生活的风雨。所谓方方面面，包括以下几个内容：思想观念、人文环境、个性特点、行为习惯、修养情趣、相貌仪态、能力素质及职业收入等。

●纯洁。我与对方结为配偶，就是纯粹地建立一种夫妻关系，成就婚姻，组合家庭，寄托终身幸福，而不是满足一时需要，作为某种手段，为了达到某种目的，出于无奈等。

●理智。历经思考，认真决断，从内在到外表，你容纳了对方。这是经过反复推敲、慎重考虑才认定的，而不是盲目冲动、马虎了事、草率决定的。

维系夫妻的是爱。爱像一根无形的红线缠绕着夫妻，使之相濡以沫。彼此同床共枕，水乳交融，以性爱铸就婚姻的本体；通过相互体贴、关照、奉献、理解、包容，以恩爱铸造家庭的温馨；通过情感辉映，魅力吸引，志同道合，使夫妻融为一体。

夫妻关系的成功，没有规律，没有固定的模式，只有那妙不可言、心领神会的激情和默契，在五彩缤纷的生活中携手编织那属于自己的花环。但夫妻关系由于相爱的特性，又格外难处。

他爱她，似乎把一切给了她；她爱他，似乎也把一切给了他；彼此都毫无保留，都以为自己高尚而伟大，是无愧于对方的；如果对方突然对自己有些伤害行为，那就是无法接受的，直刺心灵。

她或者他，实在不明白，对方为什么这样做？为什么竟会这样做？我往哪里摆？爱往哪里摆？不留神便由相爱变成相恨。

她应该知道，丈夫是男人，男人的特点是要女人接受。接受他这个人，就必须接受他的一切，千万不要当众反抗他，让他也在朋友面前保持能够支配妻子的“光辉形象”，有着可以征服一切的气概。损伤这一点是致命的。

他也应该知道，妻子是女人，女人的特点是要丈夫珍爱。珍爱就是看重我，我的意志高于一切。你既然爱我，就该尊重我的情绪。

本是很相爱的夫妻，发生矛盾不能不说是对夫妻关系的一种重创。但可怕的不是矛盾的本身，而是由此把车开向颠簸，迷失以后的路，能否导致翻车呢？不知道。

如果，夫妻认同一个事实：他们俩是截然不同的两个个体，遇事便会考虑对方的表现，采取相应的措施，先沟通，后运作，互相关照，那么问题就会轻松得多。沟通是多么重要。沟通是相知、相通、相融的金钥匙。

爱，需要阳光水分

男人很有意思，在恋爱中为了取悦女人而百般释放他的潜力，展示才干，为她遮风避雨。一旦得到她的信任和感激，他更能激发自己的爱，总是表现出最好的一面。

那时的男人多可爱啊！

而女人更有意思。即使是她很强大，也愿意依附于男人，把自己压抑得小点儿、弱点儿，娇懒地靠在男人的肩膀上。许多女人天生就知道如何传递这种信息。在恋爱中，她的秋波告诉男人：你真了不起，我需要你；你能使我快乐，能带给我极大的满足。于是他自觉在她的目光里强大而灿烂，于是殷勤地走近她，她温柔驯服地接纳了他。她人体和人格的美，使他陶醉。

那时的女人多可爱啊！

要知道双方的爱，都是彼此激发而产生乃至燃烧，最后冶炼出来的。

不幸的是，建立夫妻关系后，彼此都改变了自己，大约是过于真实的缘故，他不再为取悦她而展示才华，炫耀力量，因为她已经属于他；而她也不再传递那种迷人的信息，没有秋波暗送，率直说话，也没有亲切的问候，因为他已经属于她。于是本应继续滋生的爱，开始冷却，被抑制。少了激情，少了温度。

需要提醒的是我们应该把夫妻关系看重些，它不是不锈钢，而是一株植物，时刻需要阳光、水分、肥料，不仅仅要枝繁叶茂，而且要结出爱情之果，表明婚姻的甜蜜。

爱，就是关心、信任

无论多么聪明的男人和女人，都难免犯这样的错误：男人错误地期待女人要以男人的方式思考、沟通、反应；女人也错误地期待男人要以女人的方式感觉、沟通、反应。

作为夫妻，如果能够清楚地认识和尊重这种差异，相处时便可减少许多迷惑。

●需求关心是女人的天性。

当丈夫无微不至地关心她、爱护她时，她非常幸福，会毫不在乎丈夫的其他问题。这种关心往往表现为深情脉脉的问候。

女人缘于对关心的追求，把关心看得很重，于是往往把关心给男人。她认为向丈夫表达关心是一种爱的表现。她越爱他，就越细腻地关心他，事事为他考虑，把他攥在手心里，怎么也不放开。

●需求信任是男人的天性。

当别人信任他，委以重任，他会激发很多创造力。哪怕面对危难，只要人们信任他、推崇他，使他的存在显示了一定的作用和力量，他是很高兴的。他最忌讳别人怀疑他、鄙视他，对他存有不公的评价。他也喜欢别人在信任的基础上鼓励他，对他寄托希望，他可能会发挥百倍的信心和勇气，不负重望。他需要独立完成信任之托，讨厌别人指手画脚。

但如果丈夫把最珍贵的信任给妻子，放手让她去做，而不干扰她，这却会使她困惑。她伤心爱她的丈夫对她置之不理，漠不关心。

夫妻都以为对方的需求和自己相同，都慷慨地给对方最珍贵的东西，结果两人都不高兴、不满意。双方都觉得他们不停地给予，却没得到回报，他们误解自己的爱没有被发现、被重视，内心会大失所望。

究竟怎样做才对呢？为此多少对夫妻在困惑！

其实很简单，谨记你给对方需要的，懂得对方为什么需要这些。因为她是女人，他是男人。女人需要关心，男人需要信任。男人给女人的爱离不开关心，女人给男人的爱离不开信任。只有你满足了对方的感情需求，才算真正实现了爱。

爱，就是付出、理解

男女间一旦相爱，就会不自觉地给予。这时的给予，便是传达爱的方式。即使结为夫妻，彼此间仍在不断地给予，但这时的给予已经很复杂，既有爱的传达，也有同呼吸共命运的责任，还有夫妻间所尽的义务。

当给予以确定的方式，指定给你或你非给不可时，人们就会计较。计较和爱情似乎难以相容。既然爱，就不应该计较；既然计较，那就可能不爱了。其实偏偏不是，复杂在于爱也计较，计较也爱，只是运作得很累。

妻子常常抱怨丈夫只是接受，而不付出。所以丈夫决定不再接受，免去妻子的辛劳。但妻子仍在抱怨，抱怨丈夫不尽情理。所以丈夫又决定继续接受，妻子照旧抱怨，抱怨丈夫只会接受。

是不是丈夫就不再付出呢？丈夫也在抱怨，抱怨妻子对他的付出视而不见，抱怨妻子的需求永无止境。妻子说，你的付出我不稀罕，太没有价值了。丈夫有心收回，但在抱怨中继续进行，他担心妻子吃苦。

这似乎是接受与付出的闹剧，但问题并不严重，彼此只表达怨言，道出不满，并寄希望于对方的理解。

爱的构成极其复杂，但相信每个人本身都有被爱的因素。如何将被爱的潜能开发出来，吸引对方，使他真心爱你，才是应该研究和努力的。

●当你具备极强的事业心，成绩斐然，虽不能对配偶有很多的给予，或者你一直在享用配偶的给予，但配偶不计较，这就是爱你。

●当你具备一种高尚的人格，对别人无私奉献，不为名利，诚信仗义，慷慨正直，也许常常损害配偶的利益去帮助他人，配偶还是认为你是好人一个，还会坚定地爱你。

●当你具备一种典型的男人风度：潇洒热情，慷慨大度，坚定果断，血气方刚，庄重儒雅。她为你骄傲、自豪。

●当你具备一种典型的女人风度：开朗大方，聪颖贤慧，温柔清新，端庄秀丽，洒脱飘逸。你的配偶也许因此而爱你，不计较自己从你那里得到多少。

当夫妻间彼此辜负的时候，不论谁辜负了谁，一要衡量爱的存亡，二要找到辜负的原因，吸取教训。切不可沉浸在失衡的死水中寻找答案，那是没有用的。

面对这样的“爱”

妻子用关心爱丈夫。她要询问他的一切事情。问了，回答了，还要评论、指点、建议。她天生是他的领导，丈夫感到被控制。妻子用照顾爱丈夫。她把他当孩子，饮食起居她都替他做。他自己做了，她要批判，并重新做。而丈夫在妻子的照顾中，感觉自己很无能。

妻子用情调爱丈夫。她要求他准时回家，最好哪儿也别去。回来后就展开爱的包裹，卿卿我我，耳鬓厮磨。哪怕每天都是温习功课，她也兴趣盎然。她用温柔逼他配合。丈夫感到无聊，更感到属于他的空间和时间被巧取豪夺，受欺辱一样难过。

妻子认为她在给予爱，爱丈夫没有错。但丈夫已经领略她爱的全部，已经没有新意，便厌倦了，有些疲惫不堪。

她发现他的变化，除了一往情深地爱他之外，还要刺探他的内心。他更加厌烦，以分辩来抵触，她抗拒他的抵触，关系恶化。

生活中有很多这样的例子。

男人应该了解，爱情就是女人们的天空。她们往往把爱情看得高于一切，所以在爱的过程中，她们一往无前，有爱满足她们，会激发她们极大的创造力；丧失爱，也会激发她们极大的创造力。爱是女人的美，爱也是女人的灵，想象不出一位女子如果没有爱将是多么干瘪的样子。

如果妻子的爱会让你难以接受，你应这样做：

●你温和地倾听她说话，让她尽情倾诉。不论说什么，你也总是倾听、赞同，只要她不请求，你就不必为她出谋划策，更不要辩论什么。她会释放许多情感而松开你。

●你采取积极方式主动表现她倾慕你的那一面，让她来配合你。你热情洋溢、忠诚专一地传递你的坚定爱意，她放心了，就会松开你。

●你善意地给她提要求。例如：希望她能把自己修饰得更端庄些，希望她很快掌握微机打字，希望她分担些你的工作，希望她替你照顾一下父母等等。只要话说得诚恳，充满殷切，她会高兴去做，而且总要做得尽善尽美给你看，由此转移精力，松开你。

很遗憾，丈夫容易犯这样的错误：遇到热烈地爱他的妻子，便改变思路，认为她“俗”、“腻”，因而表现出冷漠、厌烦，最终另觅新欢。

妻子只要这样做……

细心的妻子都会有这样的经验，丈夫前几天还好好的，这两天却突然不对了。

她疑心自己得罪了他，努力回顾，也还能找到一些事发的缘由，但又那么微小，她气恼他的狭隘。

她疑心爱情受到某种冲击，认真观察，也能觉察到一些现象，如丈夫见到某个女同事或接到某女士电话所表现的热情。

她疑心他出了什么事，甚至闯了什么祸，瞒着她。她会研究他近日的动态，在他从事的一些事情上打转转，或许果真能找到一些问题。

她要询问他或试探他。但他的回答平平淡淡，声明什么原因也没有。她会按照自己的猜测点破些事由。而他有可能立即反驳，批评她无中生有。

她觉得自己既是他最亲近的人，在他的情绪低落时，就该充分表现自己的爱，此时最渴望的是安慰和关心，爱他的人应该守着他，时刻接受他的感情宣泄。于是，她就这么做。不料，他的反应更糟糕，一旦她又是安慰、劝解，又是无休止地为他出谋划策，他就会逃避她。

这时的丈夫，愿意独自品尝内心的苦涩，接触些以往不接触的人，或者早出晚归，和朋友喝酒、打牌，有时也出出门儿，离家远些，不愿意见到妻子。

其实这很正常，男人就是有这样的感情需求。他不像女人把爱情看得高于一切，作为精神支柱。他看重的往往是功名利禄、飞黄腾达。男人更需要独立，他要在独立中实现自我。

这个时候，明智的妻子应该这样做：

●毫不介意，任他所为，不要为他忧心忡忡，更不要担心自己做错了什么。切不可穷追不舍，也不要对他特殊照顾，权当什么也没有发生。

●如果在他请求你做某些事情时，如征求意见、帮个忙、聆听他说话、接待客人、分担某种责任（如接孩子、买东西、看望老人）等等，你都应为他做，但不要显出讨好的样子，要做得自然流畅。

●离他远些，兴致勃勃地找女友聊天儿，约同事逛商店，带孩子出去玩，走走娘家，改善伙食，总之你传达给他这样的信息：你非常愉快，他的情绪一点也不影响家庭，他就非常放心。你不要以为他沮丧时，你愉快是不合适的。如果他爱你，他就需要看到你高高兴兴。这样，他认为自己有能力给妻子带来快乐，给家庭带来幸福，而且他还是个堂堂正正的大丈夫，虽然是漠然处之，可他心里仍在感激你。

妻子只要这么做，丈夫就会心生愧疚，他会尽力把自己的事情料理好，马上回来与妻子亲近。

丈夫只要这么做……

女人的爱分两种，一种是爱男人的本身，即男人的心灵体魄；一种是爱男人本身以外的东西，即荣誉、地位和财富。对两种爱，女人都能做到投入。

男人被爱拥抱时，往往很天真。他在人生旅途中，有可能智慧非凡，但对于向他袭来的爱却愚昧不堪。一位年近半百的人，面对娇美的少女投来的秋波，却理解为自我英姿勃发吸引的结果。

男人为爱付出时，往往也很可怜。他拼命追求事业的成功，不惜血本争得飞黄腾达，根本顾不上妻儿老小。爱他的妻子这时是理解他的，爱他奋发中表现出的情怀和神韵。至于他能给她带来什么，带来多少，并不重要。于是，她以自己的方式回报他的爱，与他荣辱与共。虽然清苦，但她仍享受丈夫的关心体贴，珍爱并尊重。她认为自己被爱，得到了很多理想的东西。

她享受丈夫的成果，丈夫是用爱铸就这份成果，诚心诚意给她的，她应该回报相应的爱，但此时，她退却了，宁愿放弃爱。她不能满足丈夫对她的要求。她感觉自己失去了丈夫原来给予她的东西。权衡利弊，她会辛酸而去。

这种妻子，属于爱男人本身的那一种，她不为某种利益而丧失自我。明智的丈夫应该留住她金子般的爱。应该这样做：

●在你成功的前夜，你就明确地告诉她，你为爱她而这样做，如果一旦她不喜欢，就可立即放弃。你的快乐就是她的快乐，她惟恐你放弃事业而苦恼，她应该积极支持你。

●在你成功后，更要尊重她、关心她，尽管时间很紧，也要抽空与她说话，把你的设想、计划、感受告诉她，多征求她的意见。在社交场合上让她露面，把她介绍给你的朋友。

●一定要关注孩子，给孩子足够的亲情，你给予孩子爱等于给她爱。多关注家务，不一定要做什么，而一定要询问一下。

●关注她的亲戚朋友，在她亲戚朋友面前多露面，多表现你对她的爱意，多提醒她为亲戚朋友付出。

●切不可建议她改变自己，更不要批评她的某些缺点、弱点。她如果就自己的发展征求你的意见，你首先表示对她很满意，然后再提些建议，鼓励她做自己想做的事情。

●切不可在她面前炫耀自己的辉煌，摆出要她讨好、巴结的架势；切不可批评别人的妻子如何不好，赞美某个女性如何好。

她如果对你表现冷漠或嘲讽，甚至刻薄，那一定是你无意中刺痛了她，只要你不介意就会自行消除。她如果表现得忐忑不安，总在迎合你，那一定是你使她压抑，只要跟她开开玩笑，她就会变得轻松愉快。

●作为丈夫，切记不要以为自己事业有成，给妻子提供好的生活环境和荣誉地位，就有权利向妻子索取爱的回报，要明白这是一道不等式。不要因抱怨妻子的不尽情理而接受那个乘虚而入的第三者。那个第三者此时此刻爱你，往往是爱你本身以外的东西，爱你可能会给她带来的东西，爱你借助你可能实现的目的，不管她的爱怎样迷人，而本质是如此。不要过分自信自己的青春魅力。

爱你本身的女人，并不注重你的辉煌，只要爱你一天，这一天中，她就不会向你要求什么、索取什么，她总是以欣赏你完成自己的爱，用奉献表达自己的爱。

爱你本身以外的东西的女人，很注重你的辉煌，很注重展示她的优势。她总要表白她是爱你的本身，但她终究会拐弯抹角地向你索取。

越“吵”爱越深

俗话说：勺子没有不碰锅沿的。恩爱夫妻也一样，两人共处的时间长了，难免会遇到不快乐的事，不过我们看到不少夫妇却越吵越亲密了，这又是为什么呢？

下列12条便是他们会“吵”的秘诀。

●婚后第一次吵架是互见“庐山真面目”的一次机会，印象最深，可以借此深入地了解对方，知道对方对什么最敏感，对什么最忌恨，以及他（她）的心理承受能力。

●如果你认为彼此间爱慕的一对夫妇也不免会有嫉妒、烦恼和生气的事情发生的话，那么当这些情绪来临时，你就不会惊慌失措，因为这并不意味着他或她已经“没有感情”了。也许你的配偶是因为上司的缘故而情绪低落，没有向你表示绵绵之情，但即使这暂时的不快不是你的过错，你也应该问：“亲爱的，我做了什么事惹你生气了？”如果回答是否定的，你就再问：“那么，我能为你分忧吗？”如果对方不需要，你就不必打扰了。要知道，这些问候是你给予他的最好的安慰。

●一时冲动，以冷对热的关键，就是你吵我不听。在一方情绪激动、控制不住自己的时候，任他发火，一个人吵，就吵不起来，任他暴跳如雷，不去理睬他，等他情绪平和以后，再和他慢慢说理。

●如果对方实在不像话，有必要顶他几句，于是难免发生争吵。但是即使争吵，说话也要有分寸，不能说绝情话，不能讥笑对方的某些缺陷或揭对方的“伤疤”，更不能在一气之下，破口大骂，不计后果。

●如果一方想表达自己的某种强烈愿望，就直说“我想……”比如妻子责怪丈夫好久未带自己上餐馆，就不妨直说：“我想明天到外面吃饭。”而不要说：“看人家小王，每周至少带爱人上一次饭店，而你呢？”这样，引出的效果会大不一样，简单的事情往往就复杂化了。

●如若双方都能克制一点，让对方把话说完，不要抢白，那么大多数争吵不会白热化，也就容易和解。

●为了哪件事吵，谈清这件事就行了，不要上纲上线，也不要无限扩大，上挂下连。不要随便给对方扣什么“自私”、“品质恶劣”、“卑鄙无耻”等帽子，否则，就把事情搞得太严重了。另外，对事情也切忌扩大化，如果从这件事又提及以前的事，从对配偶不满又拉扯到他的父母兄弟姐妹身上去，往往就会把事情搞得越来越复杂。

●“君子动口不动手”，就是说不论争吵时情绪多么激动，都要切记：一不能摔东西，二不能动手打人。有的夫妻在争吵时，为表示愤怒，常常把锅碗瓢盆摔得稀里哗啦，这是很愚蠢的。物品何辜？摔坏了以后还要花钱买，何必呢？至于打人，就更不应该了。

●夫妻双方在激烈争吵后，千万不要一走了之。因为夫妻吵架并不意味着婚姻会破裂，我还是你的妻子，你还是我的丈夫，为什么要离开自已的家呢？

●夫妻之间的争吵，一般没有什么原则问题，但许多是是非非纠缠在一起，也不易分清，特别是在头脑发热、情绪激动时更不易讲清。如果争吵到了一定程度，发现这样下去还不能解决问题，那么一方就要及时刹车，并提示对方该休战了。这并不是屈服、投降，而是表示冷静、理智。

●你不满意爱人老是很晚了还坐在电视机前看个没够，想说他几句，但当他还在津津有味地欣赏时，比如足球队员正在射门的关键时刻，你最好别当即批评。有些明智的夫妻约定，在做爱前后不吵架，不许把争吵带到床上。这无疑是有效而合理的。

●许多夫妻争吵以后心中十分不快，互不理睬，中断了“外交关系”。但是双方还是生活在一起，这是十分别扭的，同时也会伤害感情。因此不论争吵多么激烈，在“停火”以后，应照常说话，夫妻还是夫妻，该怎么过就怎么过，这才是正常的。

相爱贵在相处

对许多人而言，爱情是一种诱人的、具有罗曼蒂克色彩的东西，他们都期望彼此能在感情上得到满足。但是某些人不是这样，他们只知道去接受别人的感情，殊不知这是依存，而不是爱情。

●正确的爱情应当是，把爱人的康乐与幸福看作是第一位的。正如专家所指出的，真正的爱情是夫妻双方对生活的需要作出的正确估价以及为之而作出的努力，这就告诫人们首先要树立正确的爱情观。

●夫妻的恩爱，是建立在双方自愿平等地承担义务之上的，这才是亲密关系的坚强核心。婚后生活的矛盾是夫妻双方造成的。两人发生意见分歧时，你要主动承担责任和义务，而不要过分地要求对方改变观点、习惯。因为惟一能改变的就是你自己。可笑的是许多人总想用自己的意志去改变对方，不时强加给对方一些所谓的新情趣和新思想，殊不知这些做法往往事与愿违。

●夫妻之间要相互体贴并善于体贴。在清晨或在就寝之前，夫妻坐下来交流一下思想，交换一下意见，比如家庭计划、困难、分歧甚至误会及其他生活问题。尽管这些只是些生活琐事，但是一旦这种交流思想和交换意见的习惯逐步形成后，婚后生活中发生的摩擦和紧张就会轻易地缓和下来。通过这种形式，男方要了解女方的心理特点，了解感情在她们心中所占的比重。因为女人比男人更容易受情绪的支配，她们的感情既细腻，又极为敏感。与妻子的小冲突常常要靠温存、沉默和忍耐去解决，而说理则往往无济于事，如果男方总是计较女方的情绪波动和日常琐事，势必造成夫妻不和。

●夫妻之间应该相敬如宾，相互尊重和信任。可以说，没有信任就没有爱情，而彼此的尊重、必要的礼节，也不能和虚情假意相提并论。在此前提下，还要互相忍让，因为它是婚姻这架机器上的润滑剂。比如丈夫要去教堂做礼拜而不去打高尔夫球，妻子就要戒掉吸烟的嗜好，如果妻子能够改掉从牙膏袋中部挤牙膏的习惯，丈夫也应记住妻子嘱咐过的家务活。

●有许多人婚姻之所以失败，就是因为丈夫和妻子都不懂得感情的培养与储蓄，不懂得制定长远的家庭计划，他们太热衷于一时的快乐与消遣，透支自己的经费，也透支自己的情感，结果快乐消遣够了，便开始争吵不休，然后被迫离婚。殊不知离婚并不能解决造成夫妻之间矛盾的这些基本问题，这些问题还会随同他们一起走进新的家庭。因此，夫妻要学会保持和延续双方的快乐，不可因一时冲动而有损夫妻感情。

●生活是由大大小小的矛盾和纷争组合而成的，幽默感和浪漫色彩虽不能解决问题，但却能化解彼此间的紧张压力，是负面情绪的最佳润滑剂。而适当的分离，又可给对方美化升华的机会，增加浪漫的情调和氛围。

毛病出在这里

●一对情侣相互依偎着，看着夕阳西下，发誓永远忠于对方。此情此景曾激励着很多年轻人坠入爱河。但只要我们对浪漫的婚姻逐一考察，就会发现其中多数都以非浪漫的离异而告终。以为婚姻可以延续热恋进程的人几乎都是失望的。罗曼蒂克忽视了下面的事实：夫妻双方如果只迷恋于一见钟情的相思，而不去培养共同生活的兴趣和价值观，日久天长，就会对另一方生厌。夫妻感情应是慢慢燃烧的温暖心房的火苗，而不应是转瞬即逝的闪电。如果离开了互相关心、互相尊重、互相交流以及互相适应对方的习惯和价值观，即使燃烧的火苗也会很快熄灭的。热恋时不切实际的浪漫幻想恰是日后离异的定时炸弹。

●许多人都认为夫妻应比翼齐飞，这有利于交流夫妻感情。所谓的“比翼齐飞”、“夫唱妻随”在总体上不是使对方得到解放，而是给对方套上枷锁。真正的好夫妻应尊重对方的兴趣、爱好和安排时间的自由，在事业上也不要强其所难，而应以互补、互勉为好。

●在日常生活中，我们有时会遇到这样的情形：一些夫妇动辄发怒，事后又不分析原因，不设法解决。

另一些人则认为，一味地忍耐，不发生任何口角和冲突，夫妻关系就会好。这话听起来顺耳，实则已走向了另一个极端。回头看看他们的二人世界，关系的确很好，但他们之间却不会很温暖，不会经常有爱情的火花迸发。因为他们忽略了这样一个事实：所有的家庭都存在着一定程度的矛盾，你的配偶不会每时每刻都对你充满柔情蜜意，彼此希望满足某些要求是合理的——只要这些要求不苛刻就行。正确的做法应该是，既要认识到偶尔的生气和冲突是一种正常现象，又要注意保护你应该拥有的“权利”。

●要别人对自己的感情负责，这通常是错误的。如果说一个人的幸福在另一个人的手里，这心情犹如在餐桌边等着上菜一般，一旦没有你期待的那盘佳肴捧上，你就会暗自埋怨主人。同样，要自己对别人的情感负责，也是一个愚蠢的错误。有时你要想使配偶从你这里得到幸福，就曲意迎合、投其所好，慢慢地，爱情的甜水会酿成苦酒。因为对方的需要你不可能总是未卜先知。另外，曲意迎合会使婚姻的真实价值受到破坏，许多人就是这样由狂爱到伪善再到反目。真正的恩爱夫妻应把对幸福的期望值在原有的水准上降下两码。

●男才女貌、性情一致的确不失为佳偶，但这仍然是罗曼蒂克的。即使不是，在此基础上缔结的婚姻也未必理想。心理测验证明，男女的审美观没有什么大的悬殊，那种认为男重貌女重才的观点实际上是错误的。男才可吸引女性，但男貌也能补拙；女貌能吸引男性，但女才也能补丑。一时以显“才”捕获美女的丑男，在娇妻的潜意识中总留下不快的阴影。同样，徒做花瓶的妻子在生活中也会给丈夫带来无穷的烦恼。当然，才貌双全的伉俪也是有的，但若再加上“性情一致”，就实属罕见了。现实也常常为此作证：恩爱夫妻性情往往不一致，性情一致的夫妇未必恩爱。这里就有一个阴阳互补、相反相成的问题。

●世上确有关系亲密的患难夫妻，他们恩爱相处，为人称道，但毕竟为数不多。研究证明，家庭危机如失业、家庭成员病重或死亡等，往往伴随着夫妻的离异。因为很多夫妇难以承受家庭悲剧对他们感情上的打击，而用逃避现实的办法来对付。

●有此心态的夫妇，常要对方无条件地忠于自己，要求对方在心灵上没有任何隐私。倘若偶尔发现对方的“不忠”，便耿耿于怀，妒火中烧。事实上，每一个人的心灵深处都有完全属于自己的一方天地，它不对外开放，也不准他人强行入关。由此可见，夫妇双方的隐私内守比坦白相陈要明智得多。当然，有些不动摇夫妇感情基础的想法向对方表露出来，比等待着对方来查阅你的大脑要好些。你同时应切记：最好不要强迫你的丈夫或妻子向你交待出所有的个人秘密。

●真正美好的婚姻是应有一点不安全感的。对爱人的忠诚绝对完全信任，但经常会导致他（她）的不忠诚。更现实的看法是，夫妻任何一方都有可能屈从于外来的诱惑。如果你把你的爱人看得太老实了，认为他（她）不会吸引异性，那么这意味着他（她）连你也无法吸引，你就不会产生对爱人应有的尊敬、兴奋和满足感。相反，如果你认为你的爱人具有吸引异性的魅力，那你就会增加对他（她）的关心和情感，从而提高婚姻的美满度。

●婚姻的不满往往始于一方未能满足对方的某些需求，婚姻破裂时不但问题未能完全解决，而且随着配偶的离去，周围的人也会逐渐疏远你。

婚姻问题专家因此主张抵制“没有希望”的冲动念头。他们认为，婚姻关系绝对无法继续时应该离婚，但也应该学会容忍成功婚姻中可能存在的各种缺点。

做好夫，做好妻

一对男女本是相爱才结为夫妻的，结婚后，怎样做个好丈夫，好妻子呢?

●要求夫妻是恋人。不论婚前婚后都保持恋人的热烈。漫长岁月，沧桑人世，朝夕相伴，依依不舍。

●要求夫妻是朋友。有着朋友的情分，朋友的胸怀，彼此互帮互勉，友谊天长地久。

●要求夫妻是知己。心有灵犀一点通。你读懂我，我读懂你，举手投足都心心相印，高山流水常相知。

其实夫妻就是夫妻，只要履行夫妻的责任、义务，你做好夫我做好妻，在夫妻的意义上彼此无愧，就应该满足了。

但在日常生活中，有的人常把过多的负担加在夫妻关系上，使得夫妻关系沉重而疲惫不堪。比较容易出现的如：

●以领导的身份批评、指责配偶能力太差、水平不高、学问肤浅……提出近期目标，勒令限期完成。

●以老师的身份教授知识，诲人不倦，要求配偶谦虚好学，不耻下问，还讲究师道尊严。

●以家长的身份教育对方，苦口婆心，循循善诱，软硬兼施，既要立规矩，又要搞控制，还要求配偶由被动变主动，形成习惯，自觉做个乖孩子。

●以救世主的身份施恩图报，盛气凌人，要求配偶承恩不忘，甘拜下风。

●以乘凉者的身份要求大树枝繁叶茂，树冠蓬勃，树干坚定，挡风遮雨，享受太平。

想一想我们的处境，宇宙博大，沧海横流，我们的家只是一个洞穴。我们为生存而不敢怠懈，一点一滴地营造幸福，延续后代。忙碌百年，也只是实现两个字：生存。我们人生一场，有自己的抱负、社会的责任，从这一意义上，我们是伟大的。人生如梦，我们还必须只争朝夕。

驱散乌云见太阳

夫妻关系出现僵局后，彼此感到沮丧，已经难以用爱的方式去沟通，继而消极的情感可能会出现，对配偶失去信任和尊重。此时，即使出发点很好，谈话也会变成吵架，谁都无奈，想不出如何以对双方都有效的方式来沟通。

夫妻和解非同一般，谨慎和仔细是必要的。

●妻子和解的 15 条原则。

不论什么原因，只要你拥有和解的愿望，你就应既往不咎、埋葬矛盾。真理在你的一方，也必须如此，不要非把“说清楚”

当条件。如果你是理屈者，就要道歉，态度要诚恳，但不卑不亢。

①用好的心情布置一下房间，最好在丈夫不在家的时候。

②安排一些访亲待客的事情，而且应付这些事情必须由你和丈夫两人出面。

③主动接电话。有丈夫的电话，就温和地请他接，帮他把手里的活儿收拾好。

④丈夫的朋友来，要比平时热情些。

⑤鼓动孩子去亲近父亲。

⑥在他晚回来时，你不要提前上床，给他写封短信，告诉他一些与他有关的事情，但语言要幽默。

⑦晚上把房间收拾得新颖温馨，点燃几支玫瑰香，如果丈夫爱听音乐，就放一些他喜欢的乐曲，记着给他递杯茶。

⑧这段时间内不要把你的亲人朋友带到家里款待。

⑨切记一旦看到丈夫表现和缓，就应主动表示爱，但要做到分寸恰当。

⑩切忌丈夫还在生你气时，不要费口舌去解释。如果他要求解释，你也只告诉他在适当的时候解释。

⑪切记不要请别人帮忙说服丈夫，更不要在丈夫的朋友同事间诉说原委。

⑫如果你已赌气搬出去住，就悄悄回来，任凭丈夫挖苦你，你什么都不要说。不要死等丈夫主动去接你。回来后，待丈夫习惯你的存在，你可再借故离开一段时间，然后再向他问候，告诉他你归家的日程。

⑬尽力把自己打扮得漂亮一些，表现出自己兴致盎然。

⑭待丈夫对你已经完全和解，恢复了原来的亲热时，你也必须再矜持一段时间，让现在的你和过去的你有所区别。

⑮要求丈夫为你做些举手之劳的事情，满足后，报之以微笑和谢意。

●丈夫和解的15条原则。

不论僵局如何，你都要主动和解，哪怕妻子仍在气恼你，拒绝你，你也应适度表示和解的意愿。如果是妻子无理，而你占理，你也应主动表示和解，表现你男子汉的胸怀气度，使妻子自愧不如，以后不再制造僵局。在僵局进入和解时，你应先做这些事情：

①按时回家，尽量在家多呆些时间，主动做些家务。

②静下来，听妻子倾诉，只是聆听、应声，不再辩驳，实在听不下去时，向她请假，借故离开，表示下次再听。

③尽量和孩子亲近，为孩子做些以往无暇去做的事情。

④看望妻子的父母和其他亲人。

⑤如果妻子再向你“说清楚”，你应表示很理解，不必再说。如果妻子要求你“说清楚”，你可尽力解释，顺便检讨。她谈话的兴致不减，你就不要离去。记着帮她缠缠毛线，或递给她需要的东西。

⑥露出最憨实、最自然的神情，装出嗫嗫嚅嚅的样子，做些笨手笨脚的家务。

⑦无意中重温一件与妻子共做的往事，说几句感慨动人的评语。

⑧妻子无意中说的话，你记住，满足她话中的要求。比如说，妻子抱怨她的长筒袜抽丝了，你不动声色，晚上下班回来，

带给她两双，放在她的床头。

⑨邀请妻子出去散步。如果妻子拒绝，你就不必说话，只站在那里等候，如果妻子仍然不应允，你也不必介意，她已接受你和解的信息了。

⑩当妻子仍在气头上时，不要油腔滑调。

⑪当妻子不接受你的和解时，不要买东西送给她。

⑫如果妻子不接受和解，你不要做出亲热的举动。

⑬当妻子传递出和解的信息时，你就立即拥抱她，挥洒你的满腔热忱，送给她你早已准备好的礼物。

⑭妻子倾向于和解，但还要挑剔你的毛病，那是女人故作骄横的姿态，她心里已经晴朗，你切不可放弃耐心。

⑮当妻子已经与你和解，但莫名其妙地与你保持距离，比如，不愿与你同床，谢绝你的好意，你切记不要再三恳求，只表示适度的关心和尊重。只要她满意你的关心和尊重，你可主动进攻，表示你原来的希望，她会配合你。

爱孩子，更要爱丈夫

有了孩子，妻子变得母性化，由慈祥稳健代替了原有的娇羞活泼；由琐碎细心代替了原来的多情浪漫；由固执尖刻代替了原来的温柔谦和；由随便朴素代替了原来的着意修饰。她的关心体贴和善解人意，她的优美情感和旺盛精力剩给丈夫的随之也越来越少了。

他忌恨妻子不能善待他。他给妻子的珍爱，以往妻子格外重视，可现在显然淡化了，即使刚刚与他亲热完，应该有个缠绵的过程，但妻子顿然抽身，又去照顾她的孩子，使他索然无味，但他应该理解妻子。

为了夫妻爱情历久弥坚，婚姻美满幸福，作为妻子应该这样做：

●有意识地多关注丈夫，用自己对丈夫的关心爱护，感动丈夫把父爱给孩子。

●与丈夫接近、亲热，冷落孩子，丈夫会着急，他会请求你照顾孩子，而自己主动让位。

●不要让孩子睡在中间，不要采取那些为了孩子方便而夫妻分居的措施。

●不要经常抱怨孩子累母亲不累父亲。既然愿意做母亲，就应做好为孩子吃苦耐劳的心理准备。不要与丈夫平等分担对孩子的义务，这不现实。

●用种种办法激发丈夫的父爱，用最美好的语言赞美丈夫的父爱，用诚恳的态度感激丈夫带给母子的关怀。

●不要忘记丈夫的生日、丈夫的嗜好、丈夫的追求、丈夫的亲朋好友。能为之尽力更好。如果忙于孩子无力关照丈夫，可表达歉意。

●切记修饰自己，特别是丈夫的朋友光顾时。切记恢复自己少女时的活力，适当克制母亲形态，保留少妇的娇柔。

●对丈夫的指令把握适度，巧妙调动丈夫的主动性。如果丈夫对妻子儿女表示冷漠，切记不要针锋相对，允许他的脱离，原谅他的适应过程，相信他调整后会加倍偿还爱。

●在丈夫热衷于关怀照顾孩子时，充分相信他的能力；当丈夫对孩子有过失时，不要轻易责备；不要当着丈夫显示你的精明能干、整洁利落。尽管丈夫鼓励你，你也不要因孩子放弃自己的事业，永远有自己执著的追求。

面对富裕后的冲突

随着经济的发展，人们的生活水平也越来越高，然而，有些富裕了的家庭，在享受着金钱带来的幸福的同时婚姻却悄悄地发生着危机，夫妻间也冲突不断。

产生这种冲突的根源，乃是夫妻不能满足对方的感情需求，缺乏爱的艺术。所以，为了避免富裕后的感情冲突，应该有正确的做法。

●妻子的正确做法：

①尽管富裕是双方共同创造的，但妻子仍然要表示感激，感激丈夫带给自己的快乐，使自己拥有优越的生活环境。

②信任丈夫的能力，知道富裕是由丈夫的能力带来的，对此应表示钦佩和自豪。

③对于自己拥有的一切表示满足，劝导丈夫工作适度，体贴丈夫的身体状况。

④给丈夫更多的关心、体贴，更多的自由，理解丈夫由成功

带来的狂热、炫耀甚至自负。在他最高兴的时候，提醒他可能遇到的是非和困难。

⑤用最富有激情的态度，展示丈夫带给自己的富裕和快乐。例如，当着丈夫，把他买给自己的衣服、首饰、用品以及生活环境，介绍给可信任的人，与他们一起欣赏。

⑥用最好的心情把自己打扮得漂亮一些，以新的面貌与丈夫一起出入交际场合，始终保持自己自信的神态、饱满的情绪，对丈夫含情脉脉。

⑦富裕后也要坚持自己贫困时的勤奋节俭作风。尽管丈夫鼓励自己享受，但理解丈夫爱意后，还要适度节俭。

⑧切忌直率地要求丈夫再创富裕、鼓动他“马不停蹄”、批评他“江郎才尽”，为他的事“垂帘听政”。

⑨切忌把创造家庭幸福的责任完全推给丈夫，而自己“背靠大树好乘凉”，忘记自己的责任。

●丈夫的正确做法：

①肯定妻子在创造富裕时的功劳。在别人面前夸夸妻子，给妻子传递感激的信息。

②高兴时，记着吻妻子，说充满爱意的话，逗妻子高兴，把幽默给妻子。

③像贫困时那样，关心体贴妻子，询问她的要求，遇事征求她的意见，有空就倾听她说话，不要讥笑妻子的土气。

④多陪陪妻子。外出多给妻子打电话，带给妻子一些礼物。鼓励妻子修饰打扮，支持她外交，不要直接批评她的弱点。

⑤向妻子表达对富裕的不满足，给自己制定更高的标准，描绘富裕前景给妻子听。

⑥不把富裕挂在嘴上，不向妻子表现清高傲慢，不用支配的语气向妻子提要求。

⑦不要以为金钱总能使人快乐。理解女人在物欲满足后，就把精力转移到感情追求上，要给她爱情的安全感。

⑧把创业的艰难讲给妻子听，巧妙地表示富裕来之不易，提醒妻子要珍惜，但她花钱时不要横加阻拦。妻子需要的东西，自已买了送给她，不要以为送给她钞票就等于施爱于她。

⑨与妻子一起回忆贫困时的爱情往事，回忆当初对富裕的向往，激发妻子的幸福感。

⑩抑制狂热、炫耀，避免当着妻子说大话，这样会在妻子心中丧失威望，迎来的肯定是不信任。

相信人间自有真情在，相信爱的纯度和力度，相信金钱不能购买爱情。只要不是道德出了问题，夫妻相爱就会在贫困与富裕的问题上游刃自如，和睦就是永存的。

第四章　琴瑟锦囊

有人问："你认为夫妻之间应该怎样相处？"我说："要敬而爱。互相尊重，彼此体贴，就是敬；互相温存，彼此专一，就是爱……"

幸福婚姻"六互"

在现实生活中，有许多夫妻的爱情花朵在婚后的平淡日子里逐渐枯萎凋谢，甚至死去。那么，如何让婚后的爱情之花开得更美？如何让家庭更幸福呢？

●互爱。

夫妻要彼此相亲相爱，互相关心体贴。说两个人互相恩爱，并不是整天的卿卿我我，耳鬓厮磨，也不是每天的花前月下，海誓山盟。互相恩爱，是对你所爱的人的事业给予关心和支持，给他信心、勇气和斗志，用你的爱帮他克服生活和事业上所遭受的挫折和遇到的困难，从而在事业上取得成功。

爱情既是一种享受，也是一种奉献。

当你在享受爱情的时候，是否问过自己，对方给予我这么多，我又给予他多少呢？对所爱的人付出爱的代价，做出一些牺牲，这对于恋爱中的人来说并不难，但对于已经走进婚姻殿堂的人来说，却并不是一件很容易的事，一时也许能办得到，但就怕不能长久地坚持。环境好的时候，做出一些牺牲，觉得没有什么，但是到了环境很差的情况下，就不一定能办得到。往往有些夫妻是这样，好的时候，甜言蜜语的话说得很多，而一到紧要的关头却办不了事，见不到真情。也有的夫妻，平时没有什么惊天动地的誓言，但在危难时刻却能同甘共苦，互相支持。

夫妻间的真爱，不仅在患难时能看得到，在日常生活中也同样能看得到。夫妻间的生活本是平平淡淡的，哪里有那么多的苦难！于是，在日常生活中体现出来的爱也就越显得弥足珍贵。

许多夫妻都想在平常的生活中建立起彼此间的互相关心，互相爱护。但有很多时候，却找不到好的途径。其实要想在生活中建立起彼此间的互爱，只要在日常生活中的小事上多注意一点儿，从小事上做起、做好，这样慢慢地积累就会逐渐建立起互爱。风风雨雨这样走过，互爱也就这样在日日月月的感情催化中成长起来了。

●互信。

“爱情是理解的别名”，“信任是爱情的天使”。由此可见，互相信任是夫妻婚姻能够长久存在的基础。夫妻之间，一旦没有了信任，爱情的花朵就会枯萎。而要让爱情的花朵永开不败，就得需要相互理解，相互信任。

无数的事实告诉我们，当夫妻间一旦没有了彼此的信任，就让猜疑有了可钻的空隙。猜疑是爱情和婚姻中一个最大的敌人，它在夫妻之间产生了一条无法逾越的鸿沟，使人产生苦闷、压抑，甚至造成悲剧。若要想让婚姻幸福，家庭美满，那么首先就不能让猜疑有一点儿落脚的机会。

夫妻之间由于猜疑，使彼此不再相互信任，就会生出许多的是非。

①经济方面。大多数的夫妻，对于生活中的收入支出，都是彼此间互相商量，共同安排的，这种在经济上的相互信任，是有利于夫妻间感情发展的。但并不是所有的夫妻都是这样的，他们有的自己偷偷地留下一笔私房钱，以备将来一旦感情有什么变故的时候能用上。还有的不放心，在对方发工资的时候，总是要问这问那，问别人开了多少，怎么会就是这么一些？更有的人，反对将一些钱孝敬父母，总是追问不停。这对彼此间的信任、感情产生了很大的破坏作用，以至于以前所建立的一点儿信任也随着这无端的猜疑而消失了。

②社交方面。婚姻是一个很严肃的事情，要求感情专一，不能朝三暮四。但往往有很多的妻子将正常的交往与感情扯到一起。一旦发现对方同别的异性有来往，便认为是发生了什么事情，感到反感，从不好的方面来想这件事情，认为会是第三者，到头来弄得夫妻关系非常紧张。

夫妻间这样不信任，何谈婚姻稳定呢？那么夫妻间怎样才能去掉猜疑，取得彼此间的相互信任呢？

①要相互信任，就得彼此有充分的了解，才能去掉猜疑。如果对对方的爱好、情趣、性格、习惯都有了一个比较全面的了解，知道他需要什么，不需要什么；知道他喜欢什么，不喜欢什么；知道他此时在想什么，彼时在想什么……这样，即使相隔再远也不会有什么顾虑和不安，即使有人向你说一些不中听的话，你也不会轻易地相信别人，因为你更信任你所爱的人。

②要相互信任，还要彼此以诚相待，不要各自藏着自己的小

心眼，对对方防着一手。彼此有什么事，都要说一声，有问题一块解决，做到“无言不可对夫（妻）讲”，以防止不必要的猜疑产生。

③要有豁达的心胸，要知道爱人由于工作或是其它方面的需要，是不可能不与异性交往的，即使是你自己也不能免除与异性的交往，这是社会的需要，是无可非议的“长相知，不相疑。”夫妻间能做到这一点，是最重要的。

●互尊。

夫妻间没有互相尊重也就没有幸福美满的夫妻生活。要想使家庭幸福，婚姻幸福，夫妻之间就必须要学会互相尊重。

①互相尊重对方的学习、工作和生活。

夫妻间在一起工作的不少，但更多的是不在一起工作，有的可能妻子的工作好一点而丈夫的工作差一些，也有的是丈夫的工作好而妻子的不好，这只是社会分工不同，没有因职业好，你这个人就高贵，职业不好，你这个人就低下的说法。无论职业怎样，每个人都是平等的人，夫妻间切不可因为职业比较差而不尊重对方，真正的夫妻应该彼此尊重对方的职业和对方的工作。

在家务活上，要能者多劳，谁有时间，谁有能力就多做一些，夫妻之间没有所谓的谁亏或是谁不亏。现在的女性也有一份自己的职业，在外面忙碌了一天，到家里还要忙着做家务，这本身就是一个不平等，但大部分妻子并没有说什么，仍然是做了，而有很多做丈夫的却不能体谅妻子。妻子每天为做家务付出了很大的代价，但到头来却没得到丈夫的好话，这种对妻子劳动的不尊重，对于夫妻感情的发展是极为不利的。

②互相尊重对方的兴趣爱好。

夫妻之间，有很多的兴趣爱好都存在着差异，不可能完全相同。例如，妻子喜欢看电视剧，而丈夫却想看一场足球比赛；妻子喜欢去逛商店而丈夫却喜欢到酒店里去坐一坐；妻子爱听音乐，而丈夫却想看书……在生活中这样的事真是太多了，这就要求夫妻双方都要了解和尊重对方的爱好，并努力使两个人的爱好、兴趣向一起靠拢，以使矛盾尽可能少地发生。夫妻之间，爱好兴趣不同，和以往受过的教育有关，但也和职业有着一定的关系。这就需要夫妻间互相尊重、支持和配合，切不可根据自己的所需，而强迫对方服从自己，这样就会使夫妻之间的共同语言逐渐减少，到最后导致感情破裂。

③尊重对方的人格。

夫妻间互相尊重人格，就是要求彼此说话和和气气的，遇到什么事，大家商量解决，两个人之间互尊互敬，这是夫妻生活中最基本的。丈夫不能有大男子主义，以为我是一家之主，想干什么就干什么，想说什么就说什么，妻子是我的私有财产，我想打就打，想骂就骂。做妻子的也要防止出现“妻管严”的意识，不能对丈夫的什么事情都要问一个为什么，不给他一点自由，使他失去男子汉的尊严。

夫妻有了不同的意见，或是发生了争执，应该坐下来平心静气地好好说，切不可大叫大嚷。

●互助。

互相帮助能使夫妻双方的感情更加深厚，婚姻更加稳定。

①在生活中。夫妻间需要互相帮助的事情真是太多了。当他生病时，你就要多抽出一些时间来照顾他，给他送水送药；当他有不开心的事情时，你就要多给他一些体贴，并帮助他从烦恼中

走出来。当他累了的时候，你就要主动地帮他分担一些家务……这样的家庭，哪会有不融洽的道理？婚姻中的矛盾自然而然地会减少。

②在工作上。无论夫妻两个人的工作是否相同，互相帮助，会有利于夫妻感情的融洽，也是很让人羡慕的。夫妻在一起工作的，互相帮助有利于共同进步；不在同一行业里的，在互相帮助的同时，也能从对方的工作里学习到很多知识，也能得到一种快乐。当对方在工作中遇到困难，情绪不好时，你除了说几句关心的话外，还可以利用你的知识帮助他解决问题，这也不是没有可能的。

③在思想上。夫妻之间婚后由于整天在一起，恋爱时看不到的缺点和不足都会随着朝夕相处而表现出来，“金无足赤，人无完人”，每一个人都有这样或那样的缺点和不足。那么，一旦发现了缺点该怎么办呢？有些夫妻在面对这些问题的时候，往往不能容忍，结果闹得不欢而散，这种做法无疑是不理智的。正确的办法是互相帮助。柴可夫斯基说过：“人是血肉的联系，而情感和精神的相通，使一个人有权利去援助一个人。”当发现对方的缺点和错误的时候，不能迁就，不能袒护，也不能当做没有看见，你应该用自己的真诚，用爱的力量去帮助他改正。

●互谅。

俗话说：“人心不同，各如其面”。由于每个人所生活的环境，受过的教育，及天生的个性的差异，造成了每个人都有每个人的个性特点，不可能在什么事情上都能达到一致，那么就需要夫妻双方有相互谅解的胸怀。

人不同于一般的动物，人是有感情的，时常会因为一些外界的事情而产生不同的情绪。当遇到了高兴的事时，情绪就容易兴奋，而当遇到了不高兴的事时，情绪也就随之低落。这个时候，夫妻双方就更应该相互体谅，这样才能更好地维持夫妻之间的感情。

当受到别人的冷落，或是自己的行为得不到别人理解时，往往会出现恶劣的情绪，这时候，就需要夫妻彼此之间多多体谅对方，多分担一些家务，或是多给对方一些安慰，让他感到在外面所受的一切都会被你的体谅而冲淡。

●互通。

人是需要有一个稳定而幸福的家庭生活的，要使这个婚姻家庭生活和谐美满，就必须知道夫妻两个人的心里正在想些什么，这也就需要夫妻之间的互相沟通。

每一个家庭都希望有一个好的环境，而不希望整天吵架，或是整天的发牢骚；但每一个家庭又都不可避免地会出现一些不愉快的事，甚至导致争吵，随着一步步的发展，可能会导致更为严重的后果。其实，这种情况是可以避免的，关键是你没有把你感受到的爱和你的善意用最恰当的方式表达出来，这也是夫妻间缺少沟通的表现。

夫妻两个人在家里，你正在唱一支歌，这歌声也许会沟通感情，但也许会阻碍你们的沟通。但到底是前者，还是后者，则完全取决于你的妻子从你的歌声里听出来的是什么。

在茫茫人海中，两个人走到了一起，就是有缘人，既然走到了一起也就都期望着能够相濡以沫地生活下去，但这种期望并不是一时就能完成的，也不是说你我想完成就能完成的。有些夫妻在一起只有夫妻之名，但却没有夫妻之实；有些夫妻，彼此间根本没有感情，却过着同床异梦的生活；还有一些夫妻认为自己年岁已经不小了，没有离婚的必要，那样会让人笑话，会让人说老不正经，于是，夫妻俩在一起变成了维持家庭而不是维持爱……这些都是不值得提倡的婚姻形式，当然它们也达不到婚姻长久的目的。

夫妻恩爱“七要”

夫妻相处既是一门学问，也是一门艺术。只要双方遵循以下原则，婚姻将是一个永不枯竭的春天。

●要学会倾听。

在现实生活中，夫妻两个谁也不容易，在单位里上了一天的班，到家里还要面对很多的生活琐事，这时夫妻两个就应该互相体谅对方。做丈夫的要主动帮妻子做一些家务事，帮她减轻一点负担，而不应该在小事上计较。妻子的许多不快，在很大程度上是由于家务事引起的，只要丈夫豁达一点，就会很容易地将妻子的不快消除掉。

丈夫要理解妻子，同样，妻子也要理解丈夫。一般作为一个男人来说，自尊心都比较强，遇到什么事情也不轻易地说出来。这时候就需要妻子诱导丈夫说出一天所发生的事情，并用心倾听，在力所能及的情况下还可以帮他分担一下。即使不能分担，你的倾听，对丈夫而言，也是一种莫大的安慰。因为他有了一个倾诉、发泄的机会。

倾听，不仅仅是用耳朵听，还要用心去听，如果你持漫不经心的态度，把对方所说的话当作耳旁风，听过就算了，就会让对方不高兴，觉得你不尊重他。正确的做法是，你要带着积极的态度去听，去了解对方，不管是自己想听或不想听的，还是与自己和家庭有关或无关的，只要是对方想说的，就应该认真地、耐心地去听。最好是不时向对方问一些问题，或提出一些办法和建议，让对方感觉到你对这件事的关心程度，他看到你是如此地关心这件事，一定会很高兴的。

倾听，谁都会，但却并不是谁都能做得好。人都有一个共性，那就是很想让别人当自己的听众，但却很难当别人的听众。要做一个好听众，就要经过不断地尝试和学习的过程。这对于婚姻来说是一个技巧性的问题，是需要夫妻双方共同学习和探讨的。

●要学会争吵。

夫妻吵架是夫妻情绪和心灵沟通的一种重要的方式，夫妻间吵架是一种交流，很必要也很实际，但同时也是很健康的。吵架可以让人将压在心里的东西说出来，可以让人不再压抑苦闷，更重要的是吵架可以使夫妻间更加彼此了解对方。真正美好的家庭关系不见得就是那种夫妻一生也不红一次脸，每天相敬如宾的夫妻。当然，我们这样说，也不是说夫妻之间不能相敬如宾而必须要吵架。

吵架必须是善意的、有实际意义和把握分寸的。我们是不赞成那种有没有理由就大吵大闹，这样的争吵无疑会使夫妻的感情受到伤害。夫妻吵架要有一个正当的理由，吵架的目的是要解决问题，如果没有实质性的问题，就应该尽量地避免吵架。夫妻吵架要就事论事，也就是说就当前的问题说话，切不可将以前的陈年旧账找出来，计较个没完，这是很不好的现象。俗话说“打人不打脸，说人不揭短”，既然做了夫妻，走到了今天，以前那些不必要的不高兴的事，已经成为过去了，说出来也是没有意义的。

吵架不是怄气和赌气，不能在公共场合，更不能说一些不中听的话，或伤害对方的话。有很多的妻子总是喜欢在有很多人的时候，说自己的丈夫这不是那不好的，表面上，丈夫还是笑嘻嘻的，但是他的心里说不定有多怨你，只是他不愿发作罢了。

在那么多人面前，你或许会得到人家表面上的一些同情，但自己的形象在别人心里已经受到了损害，也给你的丈夫带来了很大的伤害，这对于夫妻的感情是有害而无益的。

●要适当的撒谎。

我们说夫妻间需要相互信任，信任就意味着不能对对方说假话，但这也并不是绝对的，有些时候，说一些善意的谎话，也是很有必要的。确定说谎是否能够获得原谅，这要看说谎的动机。

夫妻之间适当的撒谎也是一种艺术，如同一个小小的幽默，可以收到更佳的效果。我们总说要讲实话，但是太多的实话在没有任何掩饰的情况下，往往会给人一种很累的感觉，有时甚至会给人造成伤害。所以，生活中一些善意的谎话是不能缺少的。

但撒谎必须是建立在彼此信任、不致造成误会基础之上的，它最终能获得对方的谅解。此外，撒谎要有恰当的时机和地点，并且那些谎言对于事情只是有利而无害。如果不分场合方式随意撒谎，就会让人觉得你这个人不可信，从而拉远了距离。

外国心理学专家西蒙波特博士指出：“想区别哪些谎言是可以原谅的，哪些谎言不可以原谅是极其困难而又无益的，因为欺骗的对方在不同的时间和不同的地点可能对同一谎言产生完全不同的反应，这是由人的情绪来决定的，为保证夫妻间的信任感能存在并进一步地发展，尽可能不要在不必要的情况下撒谎，以免失去许多本可以同爱人增进了解的机会。”所以适当的撒谎也应慎用为好。

●要学会宽恕。

人非圣贤，孰能无过。学会宽恕别人，对自己是非常有益的。一个人所犯的错误，能让他改正的往往也是宽恕。

当对方做错了某一件事，千万不可抓住不放，应说一些理解性的话，学会宽恕别人，那是一种美德。你会让对方更加感动并深深地感谢你，使你们的感情更好。

宽恕并不只表现在大事情上，同样也表现在小事情上。当妻子把一件她刚刚买来的衣服放在你的手里，但是衣服却太小了，那么你就要说没事，等什么时候我瘦了再穿也不迟，千万不可责怪妻子说，她连自己老公穿多大的衣服都不知道一类难听的话。当丈夫把你刚拖完的地板弄脏了，你是瞪着眼，对他生气呢，还是说一声“不要紧，再拖一下就行了”?

“金无足赤，人无完人”，谁都会有犯错误的时候，能够宽恕别人那是一种美德，能得到别人的宽恕，那是一种幸福，只有学会并能做到宽恕，你才会得到真正的幸福。

●要学会打破僵局。

家庭生活不可能总是一帆风顺的，总会出现一些争吵。有的夫妻在吵完架以后，甚至十天半个月的也不说一句话，谁也不肯主动地和好，都要自己的面子，谁也不让谁，就那么地僵着。该如何打破僵局呢?

①如对方在做饭的时候，你可以帮一些忙；衣服脏了，以前

都是对方帮你洗的，现在你可以自己来洗。这些动作虽然都是在默默中完成的，但它起到的作用，往往比语言更有效，它可以让对方心里有一股暖流经过，那么，以前所有的不快也就很快烟消云散了。

②如果事实上真的是你错了，那么你可以在实践中表现你有想改正的意思，你可以顺着对方的意思去做某一件事，或者是自己努力改正缺点和毛病，以这种自己认错的方法，来取得对方的谅解。

③可以通过别人来调解彼此的感情。例如可以通过最信服的人来说，通常是双方的长辈，当然也有好朋友，可以让他们代你向对方说些道歉的话，使双方重归于好。

④在对方生气的时候，恰当地说一个笑话，来一个小幽默，或是做出一个让人发笑的动作，最好是能让对方发笑，如果对方不笑，那也没关系。用笑来打破沉默，让对方不再生气，两个人不是就和解了吗？

⑤既然双方都碍于情面，而不先开口讲话，那么就用其他形式吧：写个纸条，写一封信，主动地把事情讲清楚，这样也许会比面对面产生的效果更好。

⑥当双方发生矛盾后，积极而主动地抢着做家务，他看在眼里，知道你已经明白是自己错了，那么他也没有理由再计较了，阴云也就散开了。

●要暂时分离。

“小别胜新婚”，这句话说得很对。

夫妻两个人长时间在一起，太久了，就会感到没意思。而夫妻之间适当的暂时的分别，会使双方在短时期内产生一种感情饥渴的心理，使之在分开一段时间后，有种迫切想要见到对方的欲望，当他们再重新见面时，就会显得格外的亲热。

但是夫妻的分离，也得有一些讲究，人的感情可以分为“钟情期”和“冷淡期”。在“冷淡期”分开一段时期，渡过“冷淡期”进入“钟情期”会使夫妻间的感情更好，但却不能是太长时间的分离，过那种牛郎织女的生活。因为长时间的分离，会使人的感情变得生疏，最后可能会导致夫妻感情不合。

当夫妻间准备要分开一段时间的时候，在分离前，不能给对方增加心理上的负担，要让他走得轻松走得愉快，在夫妻分开的日子里，还要保持着一定的联系，如打个电话，发发短信，或是写一封书信都可以。

夫妻间要懂得，暂时的分离是为了今后更好地在一起生活。

●要善于快乐。

笑一笑，十年少。欢乐一般都是由笑产生的，给对方一个灿烂的微笑，代表你现在很快乐。相反的，阴沉沉的脸上没有一丝笑容，说明你压抑苦闷。造成这种现象的原因往往是因为不知道寻找快乐。其实夫妻间要寻找快乐，是一件很容易的事，不仅能在真正快乐的时候获得快乐，而且，在苦闷中也能寻找到快乐，关键是看你如何去寻找。

在爱人很劳累的时候，做一桌好饭菜，等他回家，打开一瓶他喜欢喝的酒，这并花不了多少钱，但却会让你的爱人感到无限的快乐。在你的爱人生日的时候，送给他一张写满祝福的贺卡，把你的爱意传递给他，他也会感到很快乐。要知道，快乐并不在于花了多少钱，重要的是你传达给你所爱的人的是你的一片爱心。只要你有一颗爱心，在献给心爱的人的时候，你就会感到很

快乐。

有的夫妻这样说："我们的生活过得特别的不如意，要什么没有什么，整天四处奔波，回到家里，累得要死，一句话都不想说，哪里还有心情去找快乐啊！"的确，为了生活四处奔波，是一件很不容易的事。但在奔波中，你不也同样学到了一些东西吗？这时候，你就需要自己给自己制造一些快乐。从这奔波中学习体验一些生活中的乐趣。如果夫妻两个人同样都在为生活四处奔波，回到家里的时候，不妨彼此间谈一下一天中的感受，争取用自己的心来温暖和鼓励一下对方，让对方感觉到你对他的爱，这难道不是最大的快乐吗？

下篇　个案解疑

第五章　夫妻本身因素问题

夫妻本身因素不仅会左右个人的心理与行为，还会直接或间接地影响婚后的夫妻关系及婚姻关系。

个案一　婚后没有兴趣的妻子

真情回放　小倩从小就遭遇过许多事情，给她留下不少恶劣的印象。她记得 6 岁左右时，有一次跟邻居的男孩子玩“男女儿戏”，被一群孩子们发现，被嘲笑，觉得很害羞。还是那个年龄，有一次邻居孩子们来家里玩，结果被父亲无缘无故地大骂，并且把大家赶出门，让她觉得很难为情，好像干了什么坏事似的，一直惦记在心里。她还记得 10 岁时，有一次在家蹲马桶，哥哥从外面回来，一句话没说就用脚踢她的小腹。有一次坐在哥哥的自行车后面，哥哥车子没骑好，车倒了，哥哥自行跳开车子，却让她随车子摔倒在地上，让她觉得哥哥这个男人是不可靠的。特别是12岁时，有一次哥哥突然抱住她，使她不知所措，很难为情。她从小就不喜欢母亲，说母亲长的丑，不好看，对人也不亲热。她从小就喜欢爸爸，爸爸也特别宠爱她。可是，她到了17岁以后，发现父亲跟舅妈有暧昧关系，而且不仅是一个，还跟另外三个舅妈都有过不规矩的行为，把家家都闹得一塌糊涂，也给她很大的打击，他觉得连最好的爸爸也会干那种事，男人太坏了。

到了大学，她认识了一位男同学，交往三个月，感情还蛮好。可是，有一次黄昏时他们躲在教室里亲热，被闯进来的老师发觉。她被老师叫去，被训骂一顿，骂她不自重。隔日去找男朋友，想看看他怎样，却发现他对她的态度完全变了，还骂她找他干嘛。以后男朋友不但不再理会她，还找机会说些难听的话，让她伤心。她说跟男朋友最初交往时，还有点对性的兴趣，但是经过这次的创伤后，就再也不感兴趣了。

大学毕业后，她曾经去学习跳舞，但发觉教跳舞的男老师对她常动手动脚，占她的便宜，以后就不再去学习了。由于担心自己跟男人的关系一直不顺利，她决定去看心理医生。医生是个年岁较大的男性，常摸着她的手安慰她，这把她吓坏了，让她不知如何是好，也不敢抬头看他。后来，在单位交了一位年岁较大的男同事，终于被迫结婚了。

背景分析 小倩的过去史，说明她从小遭遇到一连串的心理事件，影响她对性的认识。虽然每次发生的事情不是很重大，但是一次接一次地累积下来，对其影响更大。

尤其跟男同学亲热而被老师抓到，遭歧视辱骂，更是对性兴趣萌芽的具体打击，跟日后不发生性的兴奋有连带关系。

从亲子关系来说，女孩子不能与同性的母亲亲近，相反地跟异性的父亲亲近，而后来却发现亲近信任的父亲对女人又是乱来，严重影响了她对异性的看法及日后的异性来往。即：不知如何选择适当的异性，如何保持恰当的关系与来往。这些都是患癔症型性格者常见的个人发展史及与异性来往的关系模式。结婚后与丈夫的适应往往不容易。

专家建议　对患有癔症型性格趋向的小倩，要考虑应由女性医生还是男性医生来实行个人心理治疗。假如是女性医生，其好处是不会让病人顾虑与医生之间可能发生的关系，从而产生怀疑并对治疗存有戒心。或者出于对医生的好感，能较亲近地吐露自己心中的苦衷。只是治疗初期要注意负性的转移关系，即把她与母亲的负性关系转移到医生身上来。假如是男性医生，要特别注意与病人的中立关系，不可过分关切，重复与从前的医生所发生过的问题。无论如何，治疗的重心是透过以往的种种事件去调整弥补所遭遇的心理创伤，此期恢复跟异性来往的情感，并且学习如何与异性适当地交往。治疗主要透过跟医生的关系来纠正男女关系上的问题，可以说是“关系”治疗，也是性格上的纠正，需要长期的治疗工作。

个案二　嗜酒如命的丈夫

真情回放　小王从年轻的时候就喜欢喝酒，而且喝多了就爱闹事。小王跟小妹认识时，小妹的父母就警告过她，千万不要跟这样的人来往。可是小王的花言巧语，把小妹说得团团转，相信他日后会戒掉的。而且小妹内心里想，只要她爱他，可以靠爱心来转化他，使他变成有用的人。后来，发现自己怀孕了，也就草率地跟他结婚了。

婚后，小妹生下孩子这段时间还好，全家都高兴，小王也能好好工作，生活幸福而平静。可是，没多久，因在单位里做事不顺利，别人提升但小王没被提升，心里受了打击，于是他又开始喝起酒来。晚上常回来很晚，而且醉醺醺的，妻子一说他，他就发脾气，摔家具，闹得很不好。对这些情况小妹不敢向娘家诉苦，惟恐被父母说当初早就警告过她。后来，好容易劝小王去住院戒酒，可是出院后，不到半年，又重蹈覆辙。由于他白天也总是喝酒，被单位警告数次无效，终于被解雇，家里只靠妻子来维持生计。面临这样的惨局，小妹不知如何是好，只好来找医师想办法。

背景分析 很清楚，这也是一个由配偶一方的个人问题而影响夫妻关系，破坏了家庭的例子。一个人患了某种精神疾患，如酒瘾，常常会把本人的前途毁坏，也会把夫妻关系及家庭都弄跨。小妹当初认为可以靠她的爱情来解决问题是一种“解救者”

的幻想，也是幼稚的想法与期望。事已至此，做妻子的要有所觉悟，要认真地要求自己患病的配偶长期地去接受治疗，等到能长期戒酒，证实完全治愈后，再重新开始家庭生活。否则，一拖再拖，连自己都会被拖入困境中，无法解救。

专家建议　主要以支持性个人心理治疗的方式来支持小妹，一方面帮助减轻小妹心里的烦恼，另一方面帮助她能坚持督促丈夫去接受治疗。当然患酒瘾的丈夫也要接受这方面的专业治疗。但愿长期的治疗还可带来点希望。医生要时时帮助小妹用现实客观的态度去看待丈夫治疗的结果，准备接受各种愈后情况，不再怀着天真“救世主”的幻想。

第六章　夫妻之间的适应问题

有些婚姻问题并不是夫妻主要有“个人性”的心理或行为问题，而是他们两人如何相处、交往或扮演适当的角色的问题。他们在外可以做事，结交朋友，但是在家里却不容易以“夫妻”的关系与配偶相处，发生婚姻适应上的困难。

个案三　妻子整洁　丈夫随便

真情回放　李先生今年32岁，在某出版社工作。从小喜欢绘画，现在为出版社绘制漫画，已经有数年。经家里的介绍，数年前跟远亲的表妹结婚。由于表妹是小时曾经认识的，从前就给人留下端庄美貌、俐伶聪慧的印象；而表妹也觉得表哥潇洒、幽默。因此，没交往多久就在双方父母的催促下，决定结婚。婚前，妻子在某单位担任会计，很胜任工作，被主管赏识。

两人结婚以后，在别人看来夫妻还很恩爱。可是不久就逐渐感到有点相处不很协调。譬如，李先生有艺术家的脾气，很注重灵感的产生，一旦有什么灵感来临，半夜也起来作画。就是跟太太一起看电视，也会忽然离开，到自己的工作房去绘画。太太对丈夫这些行为倒还不太在乎，可是，很受不了丈夫把家里的东西东摆西放，弄得乱糟糟的。太太好不容易把每月订阅的几本杂志按月份排放在书架上，转眼的工夫，丈夫就会把书拿走，看完后，就胡乱丢在地上，毫不在意。吃完饭后，洗碗时，太太喜欢把碗盘按大小与用途依一定方式摆放在碗柜里，可是先生却是根本不管太太原来是如何费心排放的。

由于他们的脾气与生活方式有犹如南北或天地的差别，而天天生活在一起，逐渐感到受不了。李先生认为家里应是舒适生活的窝巢，随便一点才好。他怀念自己的母亲对自己那么放任，开始后悔跟这样的妻子生活在一起，感到还不如回到从前的单身生活那么自由自在的好。而太太却认为家里要保持整齐、干净，不能像个乱糟糟的仓库，否则没有办法生活下去。她也想念自己的父亲，认为父亲做事总是很有条理；并后悔当初没有想到自己先生的生活习惯是这样的，否则也不会听父母的话就决定跟他结婚了。

这样，日子一久，太太看到先生对家里的支出毫不关心，也从不去计划，对每周的生活也没有清楚的筹划，心里很不满。结果一看到丈夫不把东西放好，就趁机向先生啰嗦、发脾气，并且严格规定家里每样东西要摆放在哪里，写在纸上，贴在墙壁上，要丈夫看着去遵守。可是先生很不赞成这种强迫性的规划，受不了这样监牢似的生活，经常头疼，心情不好，终于来门诊看病，要求给他开点帮助精神轻松的药。

理疗实况　经由医师的仔细探讨，发现是夫妻生活方式不协调而引起的烦恼，就请李先生和妻子一起来，看看有什么办法处理这个问题。李先生夫妇果然按医师的建议双双来看专家。他们在一起还是很要好的，坐得很靠近，也能相互交流，轻声谈话。

他们承认两人间有性格上的差异，也知道对彼此的不同生活方式无法接受，感到婚姻生活的紧张。辅导者针对他们的问题首先指出，每个人有不同的性格喜好和不同的生活习惯，并没有什么对不对或好坏的区别，只是如何相处生活在一起的问题。假如他们婚前就能发现彼此的差异，考虑能否相互适应，甚至练习相处一段时间以后才决定是否结婚，那就好了。可是现在既然已经结了婚，就应研究今后如何和睦相处的问题。

从他们的交谈中得知，他们都曾受到家庭环境的影响。李先生的父母向来很随便，对孩子毫无约束；李先生从小能在自己的房间里随便摆布，东西乱放也没有人会去管束他。至于李太太，她的父母很严格，从小就要求把家里的东西摆放整齐，要保持家里洁净，事事有规划。她自小也就养成这样的习惯。况且，她所从事的工作是会计，所有的账目要整理得很整齐，不能混乱，于是更养成了这种严谨的作风。

辅导者认为，他们要考虑把自己的家进行区域划分，分成一部分是属于丈夫的，由丈夫自由自在地管理，太太不用去管；一部分是太太的，由妻子负责整理，丈夫不可随意闯入并扰乱。至于两人的共同生活地点，两人共同协调，共同来整理。这样把家里分成三部分，一方面保留有各自的天地，同时也有夫妻共同的生活空间。

另外一个让他们吵闹的事情是家里的事如何去安排。譬如，由谁来负责家里的支出计划，什么时间用来干什么。辅导者提议他们最好能协商，订出一个计划，试行看看，然后再检讨；检讨后，如果有必要再更改。结果，他们商量决定由太太来管家里的账目，夫妻每周轮流打扫卫生；每周晚上各自做自己喜欢的事；

周末要用一天的时间做夫妻一起去做的事情，李先生主动做计划。

专家建议　夫妻开始生活在一起，每个人都要对对方迁就一些，这样才能开始“两人”的共同生活。假如每个人都还要坚持自己过去的单人生活的方式，就难以经营新家庭的生活。辅导者最后指出，他们夫妻虽然有显著的生活方式的差异，可是基本上情感还好，没有别的婚姻上的困难，希望能随时去协调他们共同生活的方式。

背景分析　这类夫妻两人之间相处与适应的问题，常发生在婚姻初期；也有的是到婚姻后期，两人都退休以后才出现。由于自己都很习惯于婚前的个人生活习惯，现在夫妻两人整天要在一起，就觉得有点不容易相处。可是，夫妻不能老是去怀念从前的家庭生活方式，为了他们夫妻两人的新家庭生活，就得相互谦让与适应。由于这对夫妻的差异很大，就需要有一个长久的过渡阶段，慢慢地去适应。辅导者只是以支持治疗的模式，提出建议，帮他们建立适应的“过渡阶段”，延缓相互适应的过程，减轻彼此的紧张与压力。

有一点值得提出的是，通常是男性比较有计划，做事较注重规律，有所谓强迫型性格的特性，并喜欢与做事比较随便，注重情感而不太在乎规则，喜欢变化的女性相配结婚。可是这对夫妻刚刚相反，颠倒了过来，所以比较困难。这种脾气很不同的夫妻，要看他们差异的多少，彼此性格伸缩性的多少，再加上两人间的基本感情如何，才好确定他们适应的结果如何。

个案四　时时争吵，各不相让

真情回放　小王夫妇结婚已经一年多了，常常吵架，互不相让。小王夫妇说，从他们交朋友的时候起就经常发生争执，彼此都不肯妥协。男的说东，女的就主张西。可是，他们还是彼此喜欢，也就结婚了。其实，要结婚时，他们也发生了不少吵闹与争执。譬如，新郎提议要用什么方式来举行婚礼，新娘却另有一套不同的构想，争执了几个月，最后还是由双方父母做主定下来的。

根据他们说的，感情还好，两个人在一起，也非常亲热。可是遇到一些事情，需要做决定时，麻烦就来了。因为他们不仅意见不同，彼此还坚持自己的意见而不肯让步。有时还提高嗓门争论，不肯罢休。即使在别人面前也是如此，为了一点小事，就各持己见。譬如，几位朋友来家里聊天时，小王偶尔谈起男人的方向感比较好，走路不会迷路。结果太太一听，就表示不同意，并举例他们夫妇一起去朋友家时，在小巷里迷路，还是靠她（女人）记得巷名才找到朋友家的。先生一听，心里就有点冒火。又提出男人不怕老鼠，不会像女人一样，看到什么蟑螂或小虫就吓得尖叫起来。太太也不认输，马上又回敬似的提出上次在逛动物园时，是谁（先生）听到老虎的吼声而害怕后退，而谁（太太）却不在乎，没有心惊肉跳的表现……他们夫妇就喜欢这样一比一斗，相互较劲儿，连朋友们都觉得不好意思，劝他们停止，并且半开玩笑地提议他们应该找机会去看婚姻的辅导专家，研究研究到底是怎么一回事。

这次让小王夫妇感到有必要来看辅导专家的主要原因是：最近他们发生了一场大争执，甚至几乎要离婚。他们计划搬到新的寓所去住，为了布置新的居室出现了不同意见。小王喜欢颜色古朴、传统形式的家具，而太太却喜爱颜色明亮、摩登的家具。他们坚持彼此的嗜好而不相让。不仅是哪种家具，就连要摆在哪里，也有不同的想法，不肯相让。最后的导火线是发生在厨房用具的选择上。太太本来有她的一套计划，可是先生提出不同的意见，太太就大发起脾气来，骂先生娘娘腔，一个大丈夫还要管厨房的事。小王听了，觉得太太是讽刺他没有大丈夫的气概，就很生气，还击太太不像女人，买家具的大事，也想做主。就这样东吵西吵，不但不想搬家了，最后吵到干脆要分居了。经双方父母劝解后，情绪平稳些。想到朋友曾经提的建议，就真的来找婚姻辅导专家了。

理疗实况　首先要说明的是他们夫妻在各自的工作岗位上，并没有经常跟同事争吵的现象，而只是夫妇在一起时，才会发生

争吵。其次，发现他们的个人家庭背景里有些因素影响他们的目前行为。原来小王是老三，上面有两个姐姐，比他大好几岁。从小他的两个大姐姐都很喜欢管他，而小王养成一种心理习惯，不肯向他们娘子军服输，而总要反驳与抵抗，不愿受姐姐们的欺负与蔑视。而太太则相反，她是老大，还有一个小弟弟，从小她就习惯于管弟弟，并且常常以大姐姐的身份要求弟弟服从。换句话说，他们小时侯同胞间的上下关系，无形中塑造了他们对异性亲人的相处关系。现在表现在夫妻关系上，就发生了矛盾。

慢慢得知，小王总是认为自己的妻子跟过去自己的大姐们相似，总是要管束、欺负他。因此，他心里总要表示倔强不服输。自己的太太说什么，总想反对一下，表示自己有自己的主见。至于太太还是像过去对待弟弟似的对待自己的丈夫，想保持自己的威严，不肯顺从。由于他们的这种性格，两人呆在一块儿，就刚好凑出相互打击的局面，彼此相持不下。

专家建议　理疗的重点就是要帮他们去认识，他们已经是夫妻，要以夫妻的关系来跟配偶相处，而不能（也不要）把过去与姐姐或弟弟相处的关系表现到夫妇的关系上来。夫妻的关系要摆脱“上下”的（同胞）关系，而是以“同等”的关系及“相补”的原则来相处。换句话说，他们婚后要学习如何抛弃过去“同胞”的关系模式，而要以“夫妻”的模式来跟自己的配偶相处。并且强调夫妇是以“相补”为贵，“相斗”为戒，要发挥彼此的长处来营造家庭，在相互尊重、忍让、适应上多下功夫。辅导专家具体地提出，如他们两人在去朋友家时，一人（丈夫）能发挥方向感强的长处，而另一人（妻子）能发挥对街名记忆深的长处，两者配合起来共同使用，就能发挥最好的效果，而不用去争执谁能干、谁的作用大。夫妇就好像是一个人的双手，不用去争到底是左手强还是右手厉害。最重要的是左右手能否一起合作协调动作，完成双手的任务。夫妻要能时时扮演不同的角色，“协助”“协同”是很重要的。

关于新公寓的布置，假如两人能以这样的夫妻精神来妥协，就有希望。辅导专家特别向先生提醒，关于居室的布置，丈夫当然可以提供一些意见，因为毕竟是两人要天天居住生活的地方。可是按一般的习惯与观念，“家内”的事，最好由妻子来做主决定，尤其是厨房是女人的天下，可由太太全权决定采用何种厨具。至于“家外”的事，由先生多出点主意。这样夫妻有分别的职责与权限，就会减少争执。对于辅导专家这样的建议，夫妻都觉得有道理，决定采纳，彼此和好，决心重新开始练习如何相补性地去相处。

背景分析　有一点值得讨论的是，假如是家里做哥哥的男人跟家里习惯做妹妹的女人结婚，他们夫妻彼此的相处会从开始就比较容易。因为，随着他们过去的“兄妹”的同胞关系背景，丈夫习惯于保护、照顾妹妹似的对待自己的妻子；而妻子也喜欢这种哥哥似的照顾，喜欢丈夫的体贴、关怀、谦让，自由自在地享受女人的角色。由于王先生这对夫妇各自的同胞关系恰好相反，是“弟弟跟姐姐”的背景，使夫妻关系颠倒而发生不容易配合的结果。希望经由辅导，而能逐渐地转移到“夫与妻”的关系上来。

最后需要说明的是，小王夫妇的相处问题，并不是单纯的源之于同胞背景的关系，而是他们的个人发展历程里还加上了别的因素，扭曲了他们对男女间相处的理解。

个案五　丈夫唠唠叨叨　妻子紧张发作

真情回放　胡太太是40岁左右的妻子，跟先生结婚已经12年，有一个10岁的男孩子。他们的婚姻生活没有过什么大的风波。先生在某单位工作，是总务主任，做事认真负责，很可靠，在单位里口碑尚好。胡太太原来也在某单位做事，由于她喜欢手工艺，两年前离开单位，在家附近开了个手工艺小店铺。可是不久，却患了一种疾病，一会儿紧张，一会儿害怕，手凉脚软，黄昏时候更容易发作。去看了许多医生，做了各种检查，却查不出原因，终于被建议来看精神科医生。

看精神科医生后，医生查出，原来是先生对她开小店铺经营生意这件事很不放心，惟恐她赔钱，总是向她叮咛唠叨，唠叨过多，让她产生紧张、害怕的心理。特别是下午快下班时，想到先

生要回家来，就开始紧张。基于此，医生就建议请先生一起来看医生，说是要先生来帮忙治疗妻子的病，实际上是一起做夫妻治疗。

理疗实况 胡先生是很有礼貌的男人，也很关心妻子的健康，很愿意跟妻子一起来看医生。当太太谈到自从开小店铺以后，先生变得很唠叨，总是怕他赔钱，常警告、吓唬她，说她作得不对，害得她心惊肉战时，胡先生马上插嘴更正说：批评他“唠叨”是不对的，他提供的是“指导性建议”。他开始大声讲话，说明做买卖不能单靠“热情”，要懂得经营，也要能投机。他直接了当地说，妻子对经营管理方面较弱，而他以多年当总务主任的经验来教她，帮他用“最大的力量”来发挥“最大的效果”。他认为如果“考虑不周、手段不健全、管理措施不当”就会造成损失。这些她没想到，我可以看得到，所以我有责任指导她，教她。

专家向胡先生提醒，“爱人”不是“同事”，妻子要的是“丈夫”，不是“经理”。可是先生仍一味地强调他提供的是合理意见，是协商，明知妻子会错，就不该让她做错。

专家探问胡先生的过去史，得知他的父亲很有个性，有家长作风，他说对就是对。母亲受不了，终于离了婚。父母离婚后姐姐跟妈妈，胡先生却跟父亲，由奶奶抚养长大。由于自小缺少安全感，从小就养成习惯，什么事都由自己做；努力干，小心做，不求人。也是靠他这个脾气，事业上才有了一些成就。医师问他小时候有没有看到父母如何相处，有没有夫妇亲热的行为，他回答只记得父母偶尔吵架的事，及父亲常训母亲的情形。

背景分析 很清楚，此对夫妻目前要解决的是夫妇如何相处、接纳及扮演适当角色的问题。丈夫所扮演的是“上司”或“经理”的角色，并以此来恐吓、威胁、指导、批评妻子，使妻子变成“没经验的下司”、“肯定会失败的同事”而不安，以致发生焦虑及心身症的结果。丈夫不懂得，或不会以“丈夫”、“配偶”的角色来支持妻子的新职业，鼓励妻子的事业心，所以才搞成这样的局面。

这里有几种可能性值得提出，他们从结婚到现在，婚姻生活过得还可以，只是到了中老年阶段，妻子想独立经营她的事业时，才打破夫妻原来平等相处的局面，是婚姻发展阶段性的问题。一种可能是妻子想独立创业给丈夫带来象征性的威胁，暗示妻子可能不要他而要离开他（好比自己的母亲不要父亲而离开似的），引发幼小时遗留下来的被遗弃的恐惧感，激发先生的强烈心理反应。第二种可能是，妻子想自己独立创业，不要依赖丈夫，可能威胁到他认为男人该有的家长威风，因此，拼命去批评、打击妻子，以便保护自己大丈夫的威严。第三种可能是，“拼命指导与教训”妻子是他唯一知道的对待配偶的方法，是“表现关心”的方式，因从小就没目睹过父母之间如何以丈夫与妻子配偶的关系表达情感的缘故。特别是从小没有安全感，对开店投资感到不安，只好拼命地去教导、去阻止，免得出差错和亏本。

无论如何，丈夫的“指导”行为令妻子受不了，产生了情绪上的毛病，需要通过婚姻治疗来更改他们的负性对待与相处方式。

专家建议 夫妻治疗的重心要放在帮助他们如何去更改目前相处的方式。至于妻子的开店是否引发丈夫内心的被遗弃的恐惧感，或者是激发对先生的男人威信等个性的心理问题等，暂不作过多探讨与分析。治疗的焦点主要在帮助丈夫了解妻子刚开小店心理不安时，要的是丈夫“情感上”的安慰与支持，而不是“理论与技巧”方面的指导。

对于这样的先生，单靠一两次的提醒与解释还不够。因为这是他长期以来形成的处理问题的方式，也是所知道的对待配偶的惟一的方式。因此，治疗要运用行为治疗的原则，让他在就诊时当场学习如何去更改，并给予适当的鼓励与纠正。可能的话，可采用角色扮演的方式，由医生演示“健康的”丈夫的行为方式，让他能学习与模仿。譬如，医生可以当场扮演普通的丈夫下班回家时，见到妻子后应如何谈话。如：“今天好不好？累了没有？有多少顾客来买东西？不多？没关系，刚开始开店，不要着急，只要你有兴趣去做就好，就算是亏了一点，你心情好，也就值得了。”至于妻子方面，要让她学会在先生“指导”她时，要平静地去听，不要急于跟他顶。因为越是跟他顶嘴，他就越想纠正你。总之，治疗的进行要注重在如何帮助他们夫妻去更改，且减少他们目前不适应的行为模式，建立较健康的相互交往的行为。至于妻子的焦虑发作或心身疾患，将会随着婚姻关系的改善而自然地逐渐消失。

个案六　老夫少妻　步调不一

真情回放　洪先生58岁，大学文化，科技专业人员。因患焦虑、忧郁症两年，自行来门诊看病，要求做心理治疗。病人自述年轻时，因家庭出身不好，是资本家，对其婚恋有影响。尽管大学毕业，但谈了几个对象，都吹了。到42岁时，才经人介绍，与农村19岁的女青年结婚。婚后，妻子感到还算满意。从乡下移住都市，生活条件改善；与娘家比较起来，夫家宽裕，还可常常给娘家一些帮助。虽然丈夫年岁比她大二十多岁，但身体还健康，又有知识。可是，丈夫对婚姻并不是很满意，嫌妻子文化修养差，女方家人常要求他给予经济上的帮助，心里不很情愿，但又不好拒绝。尽管如此，由于妻子人很忠厚，很顾家，夫妻生活一直还比较平静。

直到去年，情况发生了变化。起因是洪先生与一女同事一起到外地出差，回家后，妻子怀疑先生与女同事有私情。虽然先生坚决否认，但是双方为此吵闹数月。事后几个月，洪先生发现妻子与邻居的一男青年交往甚密而大为不满，多次要求妻子减少与那个男青年的交往，但遭到拒绝。妻子认为他们的交往是正当的，没有什么见不得人的地方。自此以后，先生发现妻子对他的态度有了明显的变化，总是回避他，晚上回家很晚，说是去她姐姐家，或是独自在江边散步。结果，只要妻子晚回家，先生就感到焦虑不安，心情苦闷。

数月前，妻子突然提出要去学美容术，打算将来自己开个美容店。妻子抱怨家里经济状况变差了。回想十几年前刚结婚时，乡下的亲戚们都不如自己，现在随着农村经济发展都富裕起来了，可自己家的经济状况没有多大变化。过去是她去接济娘家，现在却相反，感到没面子。加上孩子上学要花钱，家里又没有多少积蓄，只依靠先生的固定薪水。因此，她想自己一定要出去闯一闯。对此，洪先生大为反对，认为女人不守家，独自到外面闯，不知会有什么结果。就这样夫妻双方谈不来，保持冷战的局面。洪先生对做什么事都不感兴趣，心里苦闷，并且经常想还不如一死了之。此时，他来找医生看病，并被提议接受婚姻治疗。

背景分析　这是一位患了焦虑与忧郁症的老年病人，需要药物治疗，同时也需要婚姻治疗。从婚姻关系的适应方面来看，他们夫妻一直有着长年潜在的困难。除了年龄的差距、文化水平的不同、经济环境的差别以外，当时的婚姻动机就有问题。由于受了家庭出身因素的影响，男的过去与女性的交往都不成功，只好跟客观条件很差的对象结婚。至于女方，为了经济上的理由，跟年龄很大的男人结婚，也埋下了问题的隐患。年轻时，相差二十多岁还没什么，但是进入婚姻后期，问题就逐渐显现出来。出现了年老的丈夫对年轻的妻子有顾虑与不放心的现象。

问题的根源在于洪先生与女同事出差时的关系。不管是否发生了暧昧的事，至少动摇了夫妻长年来的平衡，做丈夫的在此影响婚姻关系的重大问题上，事先与事后都没好好做出交待与说明，稳定妻子的心理，取得妻子的信任与放心；而只是以简单的否认打发妻子内心的怀疑。

可能受到此种打击，为了平衡内心的需要，或者是出于报复，妻子跟年轻的男人接近要好。这种负性的反应大大打击了丈夫。本来经济能力欠佳、体力减弱、日渐衰老这些问题可能已经盘旋在丈夫的脑子里，一旦发现妻子跟年轻男人要好，而且更糟糕的是，被劝告后，毫无放弃的样子，更伤了年老丈夫的心。呈现焦虑、忧郁，不知如何应付。换句话说，这对夫妻在相处方面，不懂得如何以正性的方式去保持彼此的情感与信任感，只会用负性的、非建设性的方式去应付问题，增加了彼此的猜疑与不信任。

妻子想紧跟时代，去学习新技术，追求自己的事业发展，不用日后一直依赖年老的丈夫，本来是个好的想法。可是对于陷入猜疑、不信任的先生说来，没有这样去理解，反而被认为是妻子看不起丈夫，增加对内心的焦虑。

专家建议 婚姻治疗的要点，首先要看透这两个人的心思，承认其特殊的夫妻关系。然后以中间人的立场，帮他们作沟通、解释，使他们能彼此都较理性地去了解对方的心理需要，建议他们减少彼此相互伤害的行为举动，尽早恢复从前的平静。最后帮他们研究将来的计划，需要双方的谅解与合作，渡过不同的婚姻阶段。

第七章　跟父母有关的夫妻问题

虽然夫妇的生活是以夫妻的婚姻关系为中心，但与双方父母也密切相关。不管自己的父母是否还健在，是否居住在一起，父母的关系会直接或间接地影响到夫妻关系与婚姻生活。

个案七　当初父母反对　如今婆媳无奈

真情回放　高先生跟小丽恋爱时就曾受到母亲的极力反对与阻挠。虽然他们年轻人不顾父母的反对，终于结婚，可是婚后数年里，仍因母亲当年曾反对他们结合的事，偶尔困扰他们夫妻的心理，也时而影响他们夫妻的感情。

高先生的母亲在他出生前，曾流产过数次。因此，当高先生出生后，母亲就特别喜欢而且精心养育这个宝贝。高先生从小就容易感冒，常生小病，母亲更是加倍呵护，把自己的精力全灌注在孩子身上。另外还有个理由就是，高先生的母亲从小就丧失自己的双亲，是被人养大的孤儿，心里一直渴望有自己的亲骨肉。由于这样的情况，高先生的母亲对自己的孩子感情格外深厚，也把自己的一切都寄托在高先生身上。

高先生是很聪慧且听话的孩子，对母亲也很孝顺，常帮母亲做事，跟母亲一起做饭、洗衣服、打扫卫生，母子很亲近。高先

生学习也很用功，考上了重点大学，功课很好，母亲为此很骄傲。亲戚朋友都夸高先生是个好青年，将来必有好的前途，好多人主动向高先生的母亲提起，将来要给高先生做媒，找个温顺又听话的女孩给高先生做太太，好好服侍婆婆。高先生的母亲听了很高兴，心里也真的那么期望着。

哪知有一天，高先生的母亲发现自己的儿子在大学已经跟一位女学生交往，她很惊讶，也很不愉快，感到自己的“心肝”背叛了自己，对另外一个女性发生感情，因而心理反应很大。虽然高先生的父亲比较理性，告诉妻子说，儿子交的女朋友还是个大学生，应该高兴。可是，这样的话，对没有受过高等教育的母亲说来，不算是个优点，只是对她的威胁。经亲戚的劝告，作父母的总算安排机会请高先生的女朋友来家里会面。高先生的女朋友小丽看来很文雅、大方，高先生的父亲也很喜欢，可是高先生的母亲却不是很高兴。她看到自己的儿子对小丽特别亲切、要好，就很受不了。特别是吃饭时，高先生给小丽夹了菜，忘记给母亲夹菜，母亲就很不高兴，闹了情绪，认为高先生被女妖精迷惑得连自己的母亲都不要了。公然要求他们不许继续交往，说小丽不配做她的媳妇，她要儿子娶个温顺、孝顺的女孩，不要因受大学教育而自以为了不起的女人。

虽然母亲有这样的心理，又横加干涉，把事情弄得一团糟，可是高先生跟小丽的感情依然很好，继续他们的交往，不顾母亲的反对。母亲知道后，威胁高先生要断绝母子关系，不认他是自己的儿子。这种情况却无形中加强了两个年轻人之间的关系，使他们变得更是要好，共同一心，联合起来应付他们所处的困境。

数年后他们终于结了婚，母亲勉强来参加他们的婚礼，心里一直不是那么高兴。婚后高先生与小丽也没有跟父母住在一起。两人都找到了好的职业，工作上的表现也不错。可是惟一的遗憾就是婆媳之间的关系不是很好。

小丽的心里一直无法忘却婆婆对她的反感，认为她自己没有什么不好的地方应该遭到这样的反对，一直对婆婆不原谅。有什么逢年过节的机会，也不喜欢跟婆婆在一起，更谈不上跟她亲近。至于做儿子的高先生，虽然也不赞成母亲对他们婚姻的反对，可是心里总是觉得自己的母亲还是母亲，总想设法恢复良好的关系。

这次问题的发生是缘于高先生的母亲生日时，他给母亲送了一笔钱。虽然心里不是很高兴但还是同意了。可是毛病就出在所送的礼金的多少。明知太太不会愿意给婆婆大数目的礼金，高先生把自己的零用钱私自加上去，觉得这样才会令母亲高兴些。可是，没想到小丽从亲戚的嘴里偶然得知先生所送的礼金超过了他们夫妻同意的数目，小丽就向先生大发脾气，认为丈夫不该背着她这样做。小丽不能原谅丈夫，而先生也很不高兴，生气妻子对他孝心的不谅解。夫妻关系闹得很僵，好久互不讲话，最后决定来请求专家帮忙。

理疗实况 专家听了他们的情况以后，要求他们能平静申述自己对这件事情的看法。小丽首先说出了自己的想法，她认为自己这一辈子没做过什么错事。可婆婆却无理地反对他们的婚姻，批评她不够资格做他们的媳妇，心里一直很气，也影响她对自己做女人的信心。可是事情已经过去好几年，这次她还是克制自己的情感，很大方地同意自己的丈夫，送一笔礼金给婆婆做生日。可是没想到自己的先生背着她，做出偷偷摸摸的行为，她很受不了，也很伤心。特别是她觉得自己的条件本来还可以，当初有许多追求她的男孩子可供选择，而选择高先生就是觉得他还诚实；可是没想到现在他居然背叛她，做出不诚实的事来。

高先生也说出了自己的心里话，虽然他也觉得自己的母亲当时反对他们的婚姻是没有道理的，是个过错，可是回想到过去二十几年里母亲辛辛苦苦养育他，自己婚后却没有好好孝顺母亲，有点歉意。这次想利用机会表达回报的心意，没敢向妻子多开口是怕遭到她的反对与否定。现在事情变成这样，他也明白自己选择了不当的方法，没有得到妻子事先的谅解与同意，擅自增加礼金的数目，是自己的不对；发誓今后再也不会做这种伤害配偶感情的事情。经过他们夫妻这样相互交流，坦诚表白内心的想法与歉意以后，夫妻间的不愉快也就消失了一半。

专家建议 高先生的母亲把感情寄托在儿子的身上，有她个人的情结与心理上的需要，要体谅她。至于她对儿子婚姻的干涉，是基于她个人的心理情绪来的，与小丽本身条件无关。事实上，儿子的女朋友条件越好，处于这种情况的母亲反应就越大。这是母亲怕丢掉儿子对她（母亲）的感情而发生的反应，跟小丽本身没有直接的关系。换一句话说，不管儿子交怎样的女朋友，这样的母亲都会有类似反应而大加反对的。因此，小丽要理解婆婆，不必生气，而且，假如可以的话，还可以以同情的心态来了结这件事。

至于高先生想对自己母亲的养育之恩表示一点回报，是可以理解的常情。可是不该瞒着妻子，而私自向母亲表达好意，从婚姻的立场上来说是不明智之举。夫妻的关系是建立在互信上的，假如威胁到这个关系，就不要去冒险。

对专家这样的解释与说明，他们感到合理，表示接受。希望他们能和好，珍惜他们数年来已经建立的婚姻基础，继续他们的夫妻生活。同时从理解、宽容的角度出发，改善与老人的关系。

个案八　双方父母难兼顾　小夫妻左右为难

真情回放　王先生跟妻子结婚快五年了。他们婚后努力工作，到边疆地区去经营畜牧业，有点成就后，就想接他们的父母来一起过，共同享受他们夫妇的成功。这本来是件好事，却没想到招来了大麻烦，几乎把他们好不容易建立的家庭闹翻了。因为王先生想要先邀请他的父母来，可是妻子却想先请她的父母来，两人为了此事一直争执，闹情绪，甚至开口争吵，都说对方只顾自己的父母，偏心，不管配偶的父母。为了这件事妻子心情很坏，经常晚上睡不好，去找医生拿药。

王先生出生于农家，是独生儿子。因脑子好，雄心大，到大学去念书，学了畜牧专业，并争取机会被单位安排到边疆去开垦，利用现代化的机器，开办畜牧场。工先生在大学时认识了妻子，妻子家的条件比较好，住在都市，经营事业。她的父母对工先生这个年轻人很欣赏，就提供学费与生活费，帮他毕业，并支持他去外地发展事业。妻子是独生女儿。她的父母内心里有点想法，希望将来依靠工先生来照顾他们的老年。

虽然妻子的父母是好意帮助工先生，可是在乡下的工先生的父母却不是很开心。他们认为自己的儿子，念完中学以后，就可以在家从事农业，娶个村里的姑娘，跟父母一样过农夫生活就行。不太高兴自己的儿子依靠女朋友的父母负担学费，去念什么大学，还要到很远的地方去从事开垦。工先生虽然体谅父母的想法与顾虑，可是为了实现自己的梦想，也就没太在意，总想自己事业成功以后，再回报父母的养育之恩。

妻子从开始就爱上了工先生，认为他是有志气、有理想的男人；而且对她很体贴、要好，从内心喜欢他。他们在被分配到边疆前，就决定结婚，以便夫妇两人能一起在外地从事开垦，共同生活。在边疆，刚开始时，他们的生活的确有点苦，特别对妻子说来，有点不习惯。可是夫妻相互勉励，辛苦不到数年，总算小有成就。几年后他们生了一个孩子，最近又盖了一栋新房，生活得很像样。几年来他们夫妇一直惦记双方的父母，想到他们年岁也大了，该请他们来看看自己的成就，看看还没见过的孙子，共享他们的生活。过去由于屋子小，没有多余的房间，现在盖了新屋，房间多了，该是请老人家来住住的时候了。就在此时，他们夫妻开始有了矛盾，争执该先请哪方的父母来，夫妻双方有不同的意见，谁也不肯妥协。

理疗实况　工先生与妻子是一对都很诚恳、肯劳动、能吃苦的夫妻。虽然他们之间的矛盾还没有解决，但是两人还能静坐下来，好好谈自己的想法。专家直截了当地问他们为什么两方都急着邀请自己的父母来？

工先生解释说，他们当初刚要结婚时，他的父母有点误会，根据他们自己农家传统的想法，以为妻子是独生女，家里经济又好，有事业，她的父母是否有意把工先生招婿，去继承他家的事业。因此，很担心自己的儿子会变成别人家的儿子，用别家的姓。所以结婚时，特别强调要在他的农家举行婚礼，让亲戚朋友都看出是工家娶媳妇。妻子虽然喜欢工先生，可是对于公公婆婆的教育背景和很传统的思想，不能理解。特别对公公制造男女两家不必要的紧张，有点不能谅解。婚礼过后，他们离开家乡来到边疆，自己生活，跟公公婆婆离得很远，也没再太在乎。可是工先生一直感到为了自己的婚姻而让自己的老人家操心，有点内疚。

反过来，妻子说明，她的父母对工先生很是喜欢，对他很慷慨，帮他念书，但并没有特别的目的与要求；而且从来都没有嫌弃工先生家里的背景如何。因此，妻子心里一直很感激，感到自己的父母对他们夫妇很支持，也一直想找机会回报父母。由于他们结婚后就到外地开发自己的天地，都没有跟父母住在一起。每过一两年，两人都请假回去看看自己的父母，每次回去也都注意带同样的礼物，从来没有什么问题。

可是，这次是要请老人来跟自己一起住，新盖的房子大是大，可是听别人说让亲家父母同时住在一起，不太好，容易引起嫉妒或麻烦。可是到底先请哪方来？做丈夫的认为理所当然要先请男方的父母，否则，人家会怎么说。工先生知道他的父母很在乎这一点，一定不会原谅他只顾女方的父母。可是做妻子的认为，她的父母对他们夫妇很支持，而且她较习惯跟自己的父母住在一起，坚持先请她的父母来，以后再请公公婆婆。她说了一句，她不知道怎样服侍农家背景的公婆，连他们的孩子也不见得会喜欢。由于这一句话，工先生很不高兴，认为自己的妻子内心里看不起他的父母，也就恼火起来。

专家建议 他们是婚姻进入了中期以后，才面对一般人在婚姻初期就面对且需处理的问题。由于他们离自己的父母很远，所以过去没有这样的问题发生过。可以说是迟来的问题。专家也指出，他们两人的本意都不错，都想孝顺他们的父母，问题只是时间的先后而已。

专家认为，不管先邀请哪家父母来住，都有可能得罪另外一方。除非两家的老人都很理智、通情达理。专家建议，向他们双方的父母如实说明自己的诚意和想法，征求他们的意见，否则由年轻人抽签决定，以免得罪哪方。需要特别指出的是，哪方先来后来不是主要的问题，夫妻的感情才是最重要的。为了满足个人的孝心而伤害了配偶的感情，是很不值得的事。

经过这样的讨论，他们夫妻都给父母写了信，如实表明他们年轻人的好意及顾虑。结果，妻子的父母来信，谢谢他们做子女的好意，并且很客气地说，照风俗，应该先请工先生的父母，让公公婆婆先开心。特别是工先生的母亲患了一些老年病，最好趁现在还可以旅行的时候叫他们先去，看看自己的孙子。至于我们可以等以后再说。结果，把他们年轻夫妇的烦恼无形中解除了，而工先生也十分感激岳父母的宽容与体谅，并且向妻子表示，当她的父母来时，他一定更加热情地款待老人家。妻子听后非常高兴，一场风波就此平息了。

个案九　丈夫只顾孝母　妻儿冷落一旁

真情回放　马先生跟太太是经朋友介绍而认识，交往一段时间觉得合得来后结婚的。婚后八年生有一个男孩，现在已六岁。他们住在公寓，夫妻平时勤于工作，一家三口，小家庭的生活还算美满。马先生有个大姐，已结婚。马先生的父亲早年去世，母亲向来疼爱大姐，大姐婚后母亲就跟他们住在一起。

马先生的母亲血压高，一年前忽然中风，半身不遂，变得行走不便。由于工作需要，姐夫常出差到外地，大姐觉得自己一人难于照顾母亲，不知怎么办。马先生知道了这个情况，就自告奋勇，把母亲接来跟他同住。他觉得过去让姐姐服侍母亲好多年，现在应该由他做儿子的来负责照顾有病的母亲。由于他们的公寓只有两间卧室，马先生让自己的母亲住在他们夫妇的卧室，他们夫妇就在客厅打铺。孩子则继续住他自己的房间，不影响小孩的生活。

由于母亲不能行走，常常要人搀扶、帮她喂饭。特别是晚上还得带她上厕所一两次。因此，马先生跟太太要日夜轮流照顾母亲。起初，马太太觉得是为了婆婆，也就忍耐服侍，可是时间一久，就觉得受不了了。由于她夜里要起来几次照顾婆婆，白天还要上班，逐渐觉得很累。特别是到了周末，也不能夫妇一起出门，还得轮流照顾老人，觉得这家里不像个家。连六岁的孩子也开始诉苦，说他都不能随时把电视机打开来看，也不能随心所欲地大声讲话，惟恐吵了祖母休息。

马先生倒是不在乎这些。他认为，自己做儿子的，能照顾母亲，尽尽孝心是很难得的。他认为自己比不过大姐，过去一直由姐姐孝顺母亲而自己很少有表现，现在有了机会，心里感到很满足。虽然妻子曾经提议，跟姐姐轮流看婆婆，但这个想法却被马先生否决了。他认为那样，会有损他做儿子的面子。他既然答应照顾母亲，就得自己来照顾。虽然母亲讲话有点困难，发音不清楚，可马先生跟母亲讲话却很有兴趣，整天说东说西，取悦母亲。他过去认为母亲只喜欢能干的大姐，年纪小的他常被冷落。可是，现在他觉得可以占有母亲，得到了弥补过去的机会。

可是日子一久，对这种不寻常的生活方式，马太太逐渐感到吃不消。不但晚上的睡觉变得不规则，情绪也不好起来。她觉得自己的丈夫把全部精力都放在母亲身上，几乎忽略了妻子和孩子，家不像个家，不禁悲伤起来。她提议想个别的办法来应付目前的困难，可是迷于孝顺母亲的丈夫，任何话都听不进去，让太太感到很无奈，有些灰心。

背景分析 虽然照顾年老多病的父母是子女的义务，也是天经地义的事，关键是如何服侍和怎样照顾。马先生想照顾自己行动不便的母亲，是很孝顺的事。可是很明显，除了孝顺母亲之外，还有他个人的心理需要，想靠服侍母亲的行为来弥补小弟对大姐的欠账。更重要的是，大部分的服侍工作事实上都落在妻子的身上，让自己的太太过分劳累，也影响了孩子的生活和小家庭的感情。正如太太所说的，婆婆来后，丈夫的心里只有他妈妈，把妻子和儿子几乎都忘掉了，也不顾婚姻生活如何。可以说是在孝顺的行为与动机里掺杂了个人的心理情结，严重影响了夫妻的关系。

这里重要的是让马先生适当地了解他的心理与行为，提醒他除了做为儿子孝敬母亲之外，还要做妻子的丈夫、儿子的父亲，应适当地分担各种不同的职责，不能只顾一个方面而完全忽略其他。

理疗实况　基于上述理由，专家决定先跟马先生做数次的会谈，帮助他了解自己的心理情况，认识自己还有照顾妻子与儿子的需要。马先生首先辩解说，自己的母亲不知还能活多久，需要趁现在还有机会给予多多照顾，至于太太与孩子将来还有很长的时间在一起，可以慢慢弥补。专家指出，假如目前只顾母亲，忽略了妻子，让太太觉得日子不好过，那不见得将来家里还会有个妻子，说不定太太早已离婚，想弥补以后也没有机会。专家也说明，要孝顺母亲是很好的事，可这是做儿女的共同的责任，不能说只能由儿子一人承当。最好姐姐和弟弟合作，分担责任，可以减轻大家的负担。马先生听后，慢慢有所觉悟，同意跟妻子和姐姐协商，如何一起孝顺母亲。

接着，专家也请马太太一起来，共同商谈如何分担照顾老人责任的具体计划。结果，决定平时仍由他们来照顾母亲，每周的周六和周日，让姐姐来照顾两个半天，让马先生能和妻子一起外出办些家务事，或带孩子共同游乐休闲一下。他们还考虑，平时可请隔壁邻居家的老太太来帮个忙，适当照看一下，这样大家都可以减轻一些负担。

他们对这样的计划感到可行，决定邀请大姐和邻居分别来帮忙。这样，家里的负担减轻了许多，一家人的感情也拉近了许多。马太太也不感到难以支撑了。数月后，专家请他们回来会谈，结果发现马太太的心情变得好些，而马先生也因此而感到放心。

第八章　与子女有关的问题

有些夫妻相处时，一牵涉到自己子女的事，就开始动感情，甚至吵闹，这可以说是与养育子女有关的婚姻问题。这种性质的婚姻问题往往是阶段性的，随着子女长到某阶段后，这种问题就会自然消失。

个案十　教育子女　夫妻观点不一

真情回放　刘先生跟太太有个六岁的女儿，叫小春，今年刚上学。太太在某小学教书，很关心女儿的学习，每天晚上都要督促小春做老师留的作业，并且还要多加一点额外的作业，要到九点以后才能睡觉。太太觉得她自己幼小时，没有机会上好的学校，耽误了自己一辈子的发展，因此，特意让自己的女儿好好用功，希望将来能进重点学校。

刘先生在某单位做事。对太太那么严格管理督促女儿念书，并不是很赞成。他认为小春年纪还小，刚刚进小学，应该让她轻松些，多一些机会跟朋友游玩或看看电视，休息休息。他曾对太太说，这样给孩子加压，孩子会变成书呆子；周末应带她出去玩，或让她去跟邻居的孩子们玩，过过一般小孩的生活。可是太太却回答说："玉不琢，不成器"，而且还要趁年纪小时就养成好的念书习惯，将来才有成就。

问题发生在最近太太开始要求小春要每天早晨早一点起来，上电视所教的英文课。小春不仅觉得所教的太难，没有兴趣学外语，还特别觉得天天要被那么早叫起来，很吃不消。几个礼拜以前，有一天，小春有点不舒服，没按时间早起，硬被母亲叫醒，催她上电视课。小春不肯，被母亲骂了以后，就哭起来。

先生看了心疼，就对太太说不要折磨女儿。结果，太太就发脾气，对先生骂着说："你做爸爸的，只会偏袒女儿，却不会替女儿的将来着想。"刘先生听了，有点火，就大声批评说："你根本不像是个妈妈，只像是个又严又凶的老师。"结果，夫妇俩就这样当着女儿的面你一言、我一语，吵起架来，把小春吓得没去上学。

这样的情形先后发生了几次，小春每次都闹情绪或因身体不适，没办法上课。学校的老师注意到小春的行为表现有点异样，经打听，才知道为了这事。老师就请刘先生夫妇来交流情况，了解真相后，建议他们去找学校的心理咨询专家会谈，解决夫妻间对管教子女的矛盾。

理疗实况　首先弄清楚刘先生夫妇过去婚姻不存在问题，只是近来为了女儿的管教问题而发生冲突。专家指出，父母对子女的管教方式有不同的意见是常见的事，可是为了孩子的管教而夫妻闹矛盾却不寻常。因此请他们夫妇说明各自对管孩子的看法，以及他们这些看法的来源。

经专家引导，太太首先说明她的情况。她说她小时家里有个弟弟，父母为了儿子能有所发展，让他能接受好的教育，就把全家的精力都放在这个儿子身上。至于她这个做女儿的，虽然脑子好，功课也好，在班上总是第一名，父母却没让她好好念书，总叫她帮忙做家务。太太心里原想上好的大学，将来干一番事业，可是家里也没有给她这个机会。结果，她只能当个小学的老师，心里当然不高兴。特别是看到她过去班上的同学，虽然没有像她那么聪明，却一个一个都上了好学校，并且有了成功的事业，心里就很不是滋味。她的父母看不起女孩，只想栽培男孩，她心里一直不服气。她结婚后，生了女儿，心里就发誓要好好让女儿念书，将来能出人头地，可替她做母亲的出出气。

先生却谈到，他家里的情况不一样。他是独生子，父母对他从小就很宽松，要念书或游玩，都是让他自由自在，并不督促。他常有机会跟同学们游乐，享受孩童的乐趣。他认为那样的环境，对他形成豪爽的性格与好交友的习惯都有影响，也帮助他成就了现在的事业。他并不喜欢对孩子过分地管教、折磨，使他丧失了愉快成长的孩童时光。因此，很不赞成太太对女儿的管教与过分期待的养育方式。

专家就他们所叙述的情况指出，父母对孩子的管教方式，往往与自己小时被管教的模式有关，也跟自己的内心情结有连带关系。但不能让自己的私人情结去左右管教孩子的方式，而要以孩子需要怎样的教育来考虑管教的方式；并且，要随着孩子的发展阶段做出必要的调节。针对太太的心理行为，专家很干脆地指出：做父母的，不宜由自己的孩子来弥补自己过去遗留下来的欠缺，更不可以让子女去实现自己过去未实现的愿望。要把孩子的人生当作是他们自己的生涯，不是弥补父母愿望的代用品。

专家建议 养育子女是父母双方的共同职责，虽然父母可能有不同的管教意见，要想办法相互协商，有个共同的认识与了解，以共同的方式来进行。否则，会给孩子带来混乱的感觉，无所适从，造成不良的后果。至于父母实际的管教方式，不一定会完全一模一样，只要方针与原则一致就可以了。但是，假如是全然的相悖，甚至互相矛盾，就需要慎重检讨。

针对太太，专家指出，夫妻之间发现有不同的意见，最好到夫妇的私人环境去相互讨论与协商，不要当着孩子的面，跟配偶吵闹，影响孩子的情绪。

背景分析 这个案例的内容很简单，也较容易向夫妇双方做好解释。相信夫妻都能理解，获得“理智上”的领悟。可是，从辅导的角度说来，有几点值得提出来。

首先要提的是，单靠指点说明，对于这对夫妻有点不够；而且可能发生心理上的阻抗现象，特别是刘太太。

刘太太本身是老师，被同行的老师建议来看学校的心理咨询专家，心里一定很尴尬，只是为了小春的缘故，才不得已考虑老师的建议。她可能以“自己早就知道，而且会努力去改正”等很客气的说法来应付专家，处理与掩饰难为情的内心感触与反应。至于“情感上”的领悟就难一下达到，因此，转变宜缓慢进行，不要过分地要求太太很快有转变。

另外一点要提的是，父亲、母亲与女儿形成了三角亲子关系。不能把问题的原因都归结到妻子的身上，否则，就会无形中加强三角关系的不平衡，增加妻子的阻抗作用。

同样的道理，如果主要是由于太太的原因，而只建议由她接受个人理疗的话，可能会明显地左右了三角关系的不平衡，也是不明智的措施。因此，最好继续保持由夫妻双双来会诊的模式，并且着手建立夫妻间共同协商督促管教子女的方针。对于太太要特别尊重，强调她的出发点是对自己女儿的关心，只是要协商用何种方式来施行管教而已。否则，内心已有强烈自卑感的太太就会有意想不到的反应，破坏了辅导的顺利进行。

个案十一　妻子袒护儿子　丈夫“气”壮山河

真情回放　张先生与张太太是一对文化水平都比较高的夫妻。张先生从事特殊的科技工作，为了进修曾经出国留学两年，回来后也因工作的需要，常出差到各地，一年里有好几个月不在家。张太太是个很文雅、有涵养的女性，在某单位就职。他们夫妻结婚二十年，有一个十几岁的儿子。虽然婚后不能常生活在一起而有点遗憾，但夫妻感情还不错。只是近来为了青春期的儿子的管教问题而感到头痛，偶尔产生分歧，甚至闹些意见。因此，想趁问题还没闹大，赶快接受辅导。

理疗实况 张家夫妇开门见山地说出了他们夫妻对儿子的管教无法步调一致，彼此都很烦恼。他们的儿子叫立志，已经是初中学生，还是很贪玩，不懂得自己发奋读书，整天跟一群好玩的同学出去。妈妈虽也担心儿子将来上不了重点学校，更不用谈考什么大学，但爱子心切。父亲恨立志在家不听话，没把父亲放在眼里，不做功课，也不做家务。叫他饭后洗自己用过的碗，他却偷懒，不洗就把碗藏到柜子里。张先生认为由他一人来管教不够，而妻子不光不配合管教，甚至还袒护儿子。

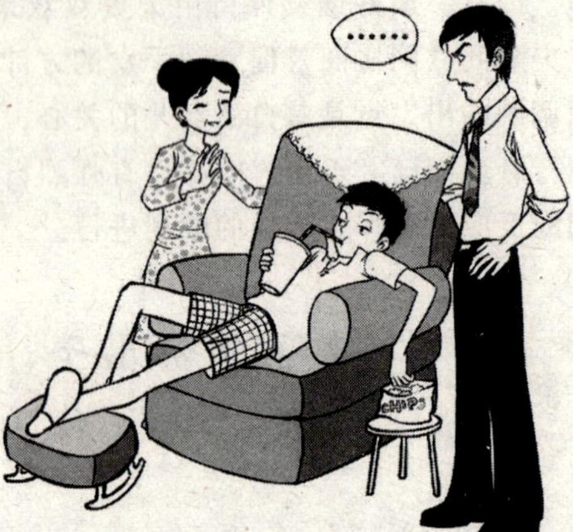

张太太解释说，立志出生时，张先生刚到国外进修。她一个人无法既工作又照顾刚出生的立志，曾托给婆婆养育一段时间，结果有点被宠坏。张先生回国后，把立志从婆婆那里接回来，一家三口一起生活。可是张先生看不惯被宠的儿子，就常训骂他，害得儿子跟父亲不亲近。做妈妈的觉得儿子刚从婆婆那里接回来，又常遭父亲训斥，心里不忍，就难免袒护儿子。结果，立志觉得不用怕父亲，也就敢与父亲顶嘴，父亲很生气。

张先生说，他最气的是，看电视时立志常去坐父亲喜欢坐的沙发。父亲说了，还不给父亲让坐，没把父亲这个一家之主放在眼里。张先生说，他小时，孩子们都很怕他的父亲，谁也不敢去碰父亲坐的椅子；没想到自己的孩子却是一点没尊敬长辈的观念。关于这一点，张太太却说，她的父亲并没有那样威风，也没有特别指定留给父亲坐的椅子，家里人都是随便找就近的椅子坐的。

专家向他们解释，做父母的，常用不同的态度来管教自己的子女，这与他们自己小时被父母管教的方式与观念有关，而且往往用自己习惯的模式来教育自己的孩子。夫妻管教子女不一致时，孩子容易产生混乱，不知所措；或容易找到空隙，感到有机可乘，使管教失去效果。

治疗谈话时，立志坐在母亲旁边的椅子上，跟父亲保持了一点距离。谈话没多久，专家就感觉到立志虽然生理上快长大成人了，但心理上却还很幼稚。只知道他自己想要什么，却缺少对别人的关心。父亲谈话时，他可以毫不客气地打断。谈到父亲叫他洗碗，他把碗藏到柜子里的事，他显得有点害羞，并辩解说，这事只发生过一次，可父亲总是以此来难为他。谈到父亲要坐他喜欢坐的沙发的事，他认为客厅里有那么多沙发，干吗偏偏要坐那一个？其实，这个道理很简单，一个家庭要有个家长，家长可以选坐一个特殊的座位，表示他是家长，好让小孩尊敬他。专家询问立志平常是如何表示对父亲的尊敬的，他想了一下，想不起来。倒是转了话题，申述父亲总是管他，训他，让他很不高兴。父亲听了，马上提高嗓门，说他一点都不替自己着急，只会偷懒，不念书，父母只是为他将来担心才要说他。这时专家发现张太太暗示张先生不要再说下去。

会谈的后半部谈到立志快长大成人了，要学会自己处理自己的事，不能凡事都要父母操心；也要懂得如何体谅别人，理解大人的心意，这样才能“成熟”长大。也谈到青少年时期的男孩子不喜欢总被大人批评，希望被父母夸奖与鼓励。父亲认为立志样样事情都不好，无法夸奖。专家指出，在会谈中立志一直很听话，了解大家所关心的事，也表示要学习成熟些，这些都是值得肯定的。专家建议对于这些好的方面，父亲应该对立志予以表扬；父亲有点难为情，但总算当场夸了立志，让立志很高兴。对于母亲，专家提议要注意维护做父亲的威信，要帮父亲讲话，跟父亲站在一起来管教孩子，这样才会有效果。

背景分析 父母管教子女的方式不同是常见的事。一般夫妻会相互商量，逐渐采取统一措施来管教子女。可是有时却不那样简单，所以会导致夫妻间的矛盾。仔细分析起来，往往跟夫妻的潜在心理与情结有关。做母亲的，常会在无形中偏袒儿子，惟恐儿子会受到委屈、惩罚或虐待。由于妻子偏向儿子，无形中又激发丈夫的嫉妒与对立心理，更是对儿子不好。妻子觉得更需要保护儿子，这样就形成了恶性的循环，终于形成三角关系的对立。很微妙的是，假如做妻子的能支持丈夫去管教儿子，丈夫就能较中立且客观地去管教儿子，不会过分动用情感，甚至会跟儿子亲近、疼爱。

同样的，做父亲的，内心常潜意识地对女儿要好些，特别地保护女儿，而对于此情况，母亲也会吃醋，会对女儿特别不好，也产生三角关系的冲突。假如做丈夫的能跟妻子配合去管教女儿，妻子就能不受情结的影响，对自己女儿亲近起来。

这是依精神分析的学理看出来的微妙的亲子关系，跟我们幼小时在性蕾期所经历的亲子情结有关。无论如何，只要丈夫能跟妻子联合去管教子女的话，这种亲子间三角关系的冲突性情结就会减轻。三角冲突引来的火药味消失后，夫妻就能比较客观且成功地管教子女。

从张先生这一对夫妻的情况来看，由于儿子出生时父亲不在，母亲无形中把情感都放到儿子身上；而父亲回来后，看到儿子跟母亲过分依赖，就想把他培养得男子气一点。母亲看到父亲对儿子凶，就想保护儿子，而妻子的袒护反而进一步诱发了丈夫对男孩的对立关系。而且，父亲常不在家，也无形中加重了这种矛盾。

专家建议　根据了解的情况，继续做好夫妻的辅导。特别提醒妻子：丈夫对儿子进行管教时，虽然她没明显地阻挡丈夫，形成正面的冲突，但也没做公开的支持，因此，减弱了丈夫的威信与权利。譬如，在家庭会谈时，当丈夫谈到作为家长他有权占有特殊的沙发时，做妻子的没有任何举动或反应来支持丈夫。假如能替丈夫说一句：今后，我们都不应再去坐父亲的沙发，要留给父亲坐。做孩子的就会意识到父母对这件事的同一性，也就会更加服帖。而做父亲的也就会因获得妻子的支持而得到信心并形成威信，儿子也就不会那么啰嗦了。

专家通过观察向妻子指出，她只扮演了“保护儿子”的角色，而缺少扮演“与丈夫共同管教儿子”的角色。希望她今后注意改进，加强“夫妻”间的合作。对先生指出，虽然立志从生理意义上说是长大了，但他毕竟还是孩子，做父亲的不要像兄弟似的以“同辈”的关系与之相争，而要以“长者”的身份与之相处。

个案十二　夫妻一家　各自为阵

真情回放　赵先生夫妇是自由恋爱结婚的，婚后不到一年，关系就不那么好了。太太是位感情丰富而喜欢变化、追求刺激的女性，而丈夫是位温和、文静、稳定的先生。开始时她觉得丈夫做事认真、可靠、负责，对她有吸引力。婚后一年，生下男孩后，慢慢觉得婚姻生活呆板没有刺激。先生没有什么爱好，下班后就回家，看报纸，看电视，然后就休息。周末常把单位里没干完的工作带回家来做，想不起跟妻子或孩子一起出去玩玩。结果，太太就觉得生活苦闷，无形中把自己的精神寄托在了儿子身上。当儿子长大些，她就带儿子去逛街、看电影、玩游乐园，到处玩。

几年后，家里发生了新的情况。赵先生的姐姐与姐夫双双遇车祸而去世，留下一个小女儿。赵先生就把这外甥女接来养育，太太对这个外甥女并没有什么兴趣，赵先生对女孩不错，常替她洗澡，梳头，帮女孩穿衣服，接送她上托儿所。

这样一年又一年，家里无形中分成两个小家。平日夫妻很少彼此谈话，更谈不上亲近要好。到了周末，妻子就带儿子去逛街，看电影；丈夫带外甥女去逛公园，买玩具，一家分成两组单独行动。虽然一个家变成这样，夫妻并没有特别着急或不满，也没想请专业的心理咨询专家来帮忙解决他们的问题。

背景分析 很清楚的，这是一对婚姻生活不美满的夫妻，也是有问题的家庭。可是，这对夫妻不吵不闹只是平静地、若无其事地过他们的并不正常的婚姻生活。虽然他们夫妻之间并没形成“结合”，也没对立情感，可是，他们彼此倒都找到了自己的“配偶替代人物”，即妻子靠自己的儿子来满足她的情感需要，而丈夫依靠自己的外甥女来弥补心情上的所需。很明显，这是不健康的情况，是病态的处境。儿子只依赖母亲，而缺少跟父亲的交流；外甥女只跟舅父亲近，而缺少跟舅母的交流，到了青春期以后心性发展上就会出现问题。换句话说，他们会只跟异性父母来往，甚至过分亲近，而缺少跟同性父母来往。从而影响心性方面的发展。

至于夫妻本身也会迟早发生问题，特别是到了子女长大，离开父母以后，做父母的失掉他们的情感寄托人物（即儿子与外甥女）后，就会发现生活空虚，情感没有依托，不像普通的夫妻那样，可以依靠他们彼此的相爱与结合来度过所谓“空巢期”。总之，现在不赶快弥补他们夫妻间的问题，再过几年，问题就会更

麻烦，不容易解救。

他们夫妻的问题本质在哪里？问题发生在他们交往初期所向往的恋爱对象，与婚后想要的配偶对象有了差距，两者没有办法兼得，造成了互相不满足。对妻子来说，本来认为认真、负责、可靠的丈夫符合了自己的择偶条件，可是，凭她的性格，她还需要一个善于挑逗、会谈情说爱、喜欢游乐、创造有刺激性生活的“情人”。很可惜，赵先生婚后无法扮演这“丈夫”与“情人”两种显然不同的角色。至于赵先生本来很喜欢富于情感、活泼多变的“女朋友”，增添乐趣，弥补他所缺少的气质；但是结婚、生孩子以后，他更希望能够有个性格稳定的“妻子”，能做家务、照顾孩子，也能对工作忙而日夜辛劳的丈夫给予体贴和照顾。可是，太太很难做到既是贤惠的“妻子”，又是多情的“女朋友”。换句话说，双方都为恋爱时想要的对象与婚后现实生活里所需要的配偶不相符合而感到失望。

专家建议 治疗的中心要放在他们对配偶彼此的要求是什么，是可能达到的要求，还是不现实的期望？去共同探讨哪些地方能够彼此改善，能够弥补相互所需要的，并且试着去改善。譬如，建议赵先生在周末时，不要把没赶完的公事带回家来做，把周末用来过夫妻的私人生活。假如要出去，一定要全家一起出去，让儿子和外甥女都能跟父母（或舅父母）双双接触，营造和睦的家庭生活氛围。

另外，要想办法计划夫妻两人可以一起参加的事情，建立他们夫妻的私人天地。假如他们愿意来接受婚姻辅导，专家还会给他们一些具体的帮助。

第九章　发展中的适应问题

夫妻关系是按阶段性的发展而逐步适应的。从男女相互认识到结婚，婚后从生育、抚养、教育子女，到子女长大成家、夫妻退休为止，都有不同阶段的心理课题需要去完成。有些夫妻某个阶段还可以相处，到了另一个阶段，就不容易适应，可以说这是发展阶段上必然会遇到的问题。

个案十三　婴儿呱呱坠地　妻子负重忧郁

真情回放　李先生结婚一年，太太生了个小宝宝，本来大家都很高兴。可是生活上增加了许多负担，要给孩子定时喂奶、换尿布，又要烧饭、洗衣服，刚做妈妈的太太有点受不了。凑巧的是李先生的单位最近改组，每天晚上及周末都要加班，回家后已是疲惫不堪，吃完晚饭一躺下就呼呼大睡，没法帮助太太做家务，更谈不上帮太太照顾孩子。这样的情况持续了数月，太太因睡得不好，又累，变得容易发脾气，开始跟先生吵架。她诉苦说，结婚前两个人一起出去看电影，去跳舞，周末到郊外去游乐，都是亲亲密密的；可是现在夫妇俩又忙又累，先生不像从前那样会说点好听的，也不会体贴人了，一大早吃了早饭就匆忙上班，晚上很晚才回来，没有两人一起坐下来聊聊天的时间。没想到婚后的生活跟她想象的大不一样，怀疑是否嫁错了人，或根本不该结婚。最近心情不好时，就疑心先生是否有外遇，借口加班，在外边乱搞。由于心情忧郁，有时就想干脆把孩子掐死，自己也自杀。由于脑子里偶尔出现这种可怕的念头，感到不妙，就赶快来找精神科医师。

背景分析 结婚后生孩子、成立小家庭，本来是件很高兴的事，可是实际生活中夫妻往往会面对一些困难。最主要的是，从恋爱到结婚，是以情感为主的阶段，总是欢欢乐乐的。可是结婚以后，却要面对实际生活里的各种责任和义务；生育孩子以后，要增加许多负担。有些夫妻无法适应，产生婚姻初期的阶段性困难。也有不少妇女在产后发生忧郁症，更需要加以小心，进行适当的诊断与治疗。假如做妻子的没办法应付产后的负担，而做丈夫的又没意识到养育孩子需要双方做出更多的努力与付出，在紧要关头，没有提供必要的支持与帮助，就更容易陷入困境。

专家建议 首先要让这对夫妻了解，他们所遇到的是婚后一时性的适应困难。只要渡过此阶段，以后就会好转。其次要让他们知道，目前面对的情况的确是困难的阶段，应从多方面努力来减轻负担。譬如，先生可向单位说明家里的问题，减少加班的次数，或者把一些工作带回家来做，同时也抽空帮助妻子，让她有休息一下的机会。夜间夫妇可轮流起来照顾孩子，免得全由妻子担任。也可考虑雇请保姆做点家务，以减轻妻子的负担。当然请外婆或奶奶来帮忙也是一个办法。可是有时外婆或奶奶来了以后，由于生活环境的不习惯，还得照顾她们，反而增加家庭和老人心理上的负担。除非双方适应能力强、性格相投、关系融洽，老人能够帮忙，否则还要斟酌考虑。

最主要的，还是要让夫妻都知道这是短期的、一时性的适应问题，等婴儿长大一些，不过数月，情况就会好转。一年后，夫妇就可以开始轻松下来，过过有趣的夫妻生活，享受小家庭有孩子的快乐。从而咬咬牙，渡过难关。

个案十四　孩儿夭折　夫妻失掉重心

真情回放　韦夫妇是40岁出头的中年夫妻，由于晚婚，孩子才10岁。不幸的是，孩子得了血癌，虽然住院治疗数月，仍无效而去世。韦夫妇面对这突来的心理创伤，非常悲伤痛苦，特别是太太常常哭泣。一年过去了，韦夫妇心情一直没有恢复。夫妻俩彼此几乎不说话，也很少一起做事，更谈不上一起看电视、散散步，或做点其他娱乐性的活动。白天各自去上班，晚上回家，饭后各自看点书，然后分床睡觉。到了周末，韦先生就打扫房子、修修家具，或者一个人到外边走走。太太就是洗衣服，缝衣服，或者去买买菜。从前孩子在时，他们还谈谈孩子的成长，一起关心孩子的事，如要不要给孩子多买点书让他补习，如何存点钱将来让孩子上好的大学等等。孩子也会问这问那，逗父母讲话。有时夫妻还会一起带孩子去看电影或到动物园去玩，总算还有点乐趣。可是现在孩子走了，夫妻好像失掉重心似的，没有了生活的乐趣。太太夜晚常睡不好觉，经常头疼，终于来看精神科大夫。医师发现这与夫妻空虚的生活有关，乃提议跟先生一起来检查并改善他们的婚姻生活。

理疗实况　韦先生跟太太一起来理疗。他们俩各自坐自己的椅子，很少相互看一看，也不太向对方交谈说话，只是跟医师谈。看起来，也没有什么不好的感情或矛盾，更不会吵嘴或争论，只是情感平淡，像麻木了的一对夫妻。韦先生说他们俩是经人介绍认识的。由于两人都是30多了，没有更多交往就决定结婚了。婚后生了孩子，有了生活的中心。特别是太太，把自己的全部精力都放在孩子身上，靠孩子来充实自己的心理生活，也没太在乎跟先生的情感。反正先生在外工作认真，所领的薪水都交给妻子管，也不喝酒、不乱来，做妻子的也没有特别的苦诉。至于先生看妻子天天忙于烧饭、养育孩子，也没有话可说，自己就把更多的精力放在工作上。去年孩子突然去世，家里好像失掉什么似的，没有了活气。给他们的打击太大，彼此也很少再去谈起失掉孩子的事，也缺少相互安慰，只是麻木地过日子。

背景分析 很清楚，由于过分的痛苦，这对夫妻未曾好好哀悼丧失的孩子，从心理病理学分析来说，是没有完成“丧失的心理过程”，所以双双都仍患着慢性的忧郁。再者，这对夫妻，从一开始就没有培养夫妇应有的感情，也没有建立起彼此之间巩固性的夫妻关系，婚后十多年只靠孩子来维持夫妻的感情。他们渡过了婚姻的早期与部分的中期生活，即子女的生育与养育阶段。可是现在忽然失掉孩子的存在，没有“粘结”夫妻关系的因素，夫妻发生了“分离”，过着貌合神离的生活，犹如只是同屋而住的男女住客而已。一般靠子女的“粘结剂”而维持下来的夫妻，通常要到子女长大、离家独立时才会显露出夫妻间的关系问题。可是这对夫妻却因孩子的意外去世，提前进入了没有孩子、只剩下夫妻的离巢期，也就提前暴露了这种阶段性的问题。

有一点要提的是，这种夫妻本身早就有婚姻的问题，或是夫妻间没有男女的吸引力，不太会培养夫妻的情感；或是对夫妻关系没有兴趣，才会有这种潜在性的问题。因此，辅导工作要针对此基本问题而缓慢进行。

专家建议　首先要帮助这对夫妻去适当地结束丧失孩子的“哀悼反应”，然后帮他们重新建立夫妻应有的婚姻关系。从精神分析的临床经验来说，一个人假如丧失亲人而没有在情绪上很好地去哀悼、发泄丧失亲人的心情时，忧郁的情绪就会沉入潜意识里，长久不能恢复原状。治疗上就要帮助病人去好好哀悼，表露丧失亲人的感情。这对夫妻由于不会相互安慰、鼓励，共同支持去面对且接受丧失亲人的事实，因此也就把哀悼的情感埋没起来。治疗上要利用辅导法，让他们夫妻能相互诉说丧失孩子的感觉，包括现在仍如何想念孩子，如何需要夫妻彼此鼓励与安慰来共同渡过他们的困难。譬如，让妻子谈谈她如何仍想念孩子，偶尔看到孩子遗留下来的东西或照片，就常常偷偷哭泣。也让先生透露，男人心底也是很难过的，看电视，碰巧看到父母跟孩子亲热的节目，就马上换节目不忍心去看，甚至把电视关掉等等。通过这种倾诉让他们夫妻了解难过的并不单单是他们自己，而是配偶双方都伤心，让他们体会夫妻需要相互支持与安慰。有亲人作支柱，能使他们尽快走出丧子的阴影，从而恢复正常的心理与活动。

然后，要把治疗的重心放在如何帮助他们建立起婚后十几年来还没有完全建立的夫妻关系上。譬如，夫妻如何相互沟通，了解彼此的心情；如何表达对对方的关心和体贴；如何养成习惯，夫妇一起做事、消遣、生活；共同讨论计划如何过“两人”的生活等等。具体地说，不要丈夫自己一人出去散步，要练习夫妻双双出门去游乐；商讨两人如何一起过周末，做消遣，增加生活的内容与乐趣等等。

总之，这对夫妇要从头开始“婚姻初期”的阶段，去面对如何建立夫妻结合的心理课题。虽然以后再有孩子的可能性很小，不再重复养育子女的“婚姻中期”阶段，可是到年老之前还有数十年的时光，就要补上建立夫妻生活这个课题，以便面对“婚姻后期”。辅导时要充分考虑这对夫妻已经是步入中年的夫妇，许多习惯的更改要慢慢来，不宜太紧迫，要帮他们缓慢学习适应，逐步地改善夫妻生活，共同渡过今后的婚姻生涯。

个案十五　丧偶离婚　夫(妻)再婚

真情回放　孙先生是40多岁的大学教授，两年前妻子生病去世，留下12岁青春期的女儿，名叫晓春。父女相依为命，勉强过了两年。经朋友好意介绍，父亲认识了30多岁的阿兰，交往数月后，结了婚。阿兰大学文化，在某机关做事，曾经结过婚，有个8岁的儿子，叫国光。由于跟从前的先生感情合不来，一年前离婚。孙先生与阿兰交往中，感到彼此文化水平都高，谈话比较投机，为了孩子双方都有再婚的需要，就决定结为夫妇。可是结婚没多久，就发现这个新家庭问题重重。

问题之一是来自孩子们。决定再婚之前，孙先生考虑到女儿晓春的反应，曾征求过她的意见。晓春当时表示赞成父亲有一个新太太，也高兴自己将有个“新妈妈”，可是婚后却又有了不同的反应。首先晓春不肯接受父亲的提议称呼继母为“妈妈”，坚持去世的母亲是她惟一的妈妈，别人不能成为她的妈妈。孙先生顾虑到新太太的心理，把本来挂在家里的前妻遗照收起来。可是晓春却在她的房间里继续挂着去世的妈妈的照片，间接地向父亲表示反抗。还有，这一两年来，晓春已经习惯下厨房，自己烧饭，可是现在继母顶替了她做“主妇”的角色，她很是不高兴，吃饭时故意不吃继母烧的菜，嫌烧得不好，不合她的胃口，让继母觉得很尴尬。继母的儿子国光也带来不少麻烦。国光很怕继父孙先生，常常粘在母亲身边，躲躲藏藏的。吃饭时，还要母亲给他夹菜，特别依赖，孙先生看不惯，说他几句，国光就哭泣起来，做妈妈的心里急，就向孙先生发脾气，嫌他不管“他”自己的女儿，还多管“她”的儿子，结果一家分成了两家，大家都闹得不愉快。

问题更严重的是一面是他们夫妻不容易很快地建立起相互信赖与亲近的感情。比如，婚后不久，就碰到孙先生去前妻的老家探望过去的岳父母，想表示一点心意。可是，这个意图却没被新配偶谅解，她误解孙先生心里还想念过去的太太，不是很高兴。

同样的，孙太太也给孙先生带来了误会。孙太太离婚的前夫，即国光的亲生父亲，在国光的生日时带来很贵的玩具。孙太太虽然跟前夫的感情不好，但心里还是感谢做父亲的对儿子的关心，就当着孙先生的面向前夫说了几句表示谢意的话，感谢他送了那么好的礼物。可是孙太太这些行为表现也让孙先生很不高兴，认为自己的新太太对她的前夫还有感情，并且在暗示他做继父的没给国光送什么好的生日礼物。相互产生了误解、猜疑，两个人闹得很不愉快，终于来找家庭辅导专家帮忙解决这个新家庭的困境。

背景分析 个人丧偶或离婚后想再婚，重新组织家庭是人之常情。这种再婚夫妇往往要面对许多需要适应的新课题。

做丈夫的，怀念去世的前妻是很自然的事。可是这却不被新配偶所接受。特别是婚后没多久，还没建立牢固的情感基础，或还没有强烈的结合力时，新的配偶难免不容易接受。特别是心胸不宽的，就更容易发生猜疑或嫉妒。尤其孙太太跟从前的先生离婚，就是因前夫有了婚外关系，曾受了第三者介入的痛苦，对配偶可能“不专心”而特别敏感。

作为男人，心里总希望自己是妻子心里最好的男人，受不了妻子去称赞别的男人，尤其是妻子的前夫。男人也很容易猜疑、嫉妒，并不容易作到很大方。

至于孩子们对再婚的反应与干扰是预料之中的事。特别是随着孩子年龄的增长，不同性别与发展阶段会有各种不同的反应。晓春刚好是青春期的女孩，跟父亲两人一起生活数年，潜意识里已经以“家庭主妇”的角色承担家务并照顾父亲。现在来了新的、真的家庭主妇，难免会产生被继母赶出自己重要角色的感觉。特别是十几岁的女孩，随着青春期的发育，对男女间的三角关系特别敏感，反应也特别强烈，跟两三岁小女孩的心理反应截然不同。同样的，国光遇到生疏的继父，很自然地退缩，依赖到母亲身上，但是这样的行为惹起继父的心理反应，形成继父、母亲与男孩的三角性冲突，让母亲发生很强烈的情绪反应，袒护自己的儿子，排斥新结合的丈夫。这种亲子间的三角冲突，与一般家庭里所发生的不同，因为这是继父或继母的关系，夫妻与亲子各种关系都还没有基础，没有过去建立的情感做依靠并缓和彼此内心的冲突，容易使事态变得严重，需要特别费力地去解决与适应。

理疗实况 对于这种因再婚而发生问题的家庭，辅导上首先要做的是，让大家了解这是“新”组成的夫妻与家庭，不能急于在短期内迅速建立新的家庭关系。譬如，为了要孩子跟继母或继父形成“亲子”的关系，就按（东方的）习俗，要求孩子们称呼继父母是“爸爸”或“妈妈”，显然是有些勉强的。大人要站在孩子的立场替他们着想，了解他们心里存在的仍是原来的父亲或母亲。不能勉强他们在一夜之间就喊生人是父亲或母亲。继父就是“继父”，继母就是“继母”，新关系需要从头开始，慢慢来，逐步培养，应多注重实质上的感情的培养，不要拘泥于表面的称呼。

作为双方都是再婚的夫妻，要承认自己的配偶曾有过他（或她）的原先配偶。而对原先配偶，不管是因去世或离婚，还是怎样离别的，都有过一段亲近且生活在一起的“过去”，都可能会留下许多记忆，过去的经历与情感，不会一时半会即被除去。假如是离婚而再婚的，为了孩子的关系，也还会继续与前配偶接触来往的。这是事实，需要去面对、接受与适应。不能、也不可能要求配偶把这些过去的情感一下子就抹杀或遗忘掉。

关于辅导的方向，应是协助再婚的夫妻就如何接受这些“过去”的事实，从头开始他们新建立的“目前”关系。要协助他们向正性的方向去反应，透过困难来增加感情。

至于孩子们的问题，也要让孩子们逐渐去适应与改变。比如，做继母的，知道晓春的心理后，可以邀她一起烧饭，让她烧自已喜欢吃的菜，这样让她觉得她还可以保留“家庭主妇”的部分角色。继母跟晓春一起做事，还可增进她们彼此的情感，逐渐建立“新”的母女关系。对于国光也是一样，让孙先生跟他一起玩，或带他去打球或逛动物园，增进“新”的父子关系。

再婚的“新”家庭，需要经历很长的时间，才能真正建立起和谐的家庭关系，所以，必须耐心地去改善。

个案十六　夫妻退休　相处不和

真情回放　陈先生和太太都是五十多岁的人，结婚已经30年了，有两个孩子。孩子们早就完成了学业，都已成家立业，在外地分别过他们自己的小家庭生活。陈先生是高职科技人员，退休还不到半年。太太本身文化水平也很高，曾是大学教授，三年前退休在家。自从先生退休后，因老两口相处得不好，太太心情苦闷，睡眠不好，找医师看病。

相关链接　陈太太长得很清秀，谈吐很有智慧。虽然是以睡眠不好来看病，但是开门见山就说是因先生退休后在家处得不好才来的。她说三年前自己退休后，不用天天去学校教书，生活变得较轻松。她把家里重新整理了一遍，买了一个桌子，摆了一架电脑，有空时就看点书，写些稿子，打发白天的时间，天天过得还可以。先生是搞科技工作的，单位叫他多留数年，半年前才退休。一对老夫妻退休后可以共同度过老年生活，本来是很好的事，是大家都很盼望的；可没想到事实上完全不是那么一回事。

原来陈先生是个少言寡语的人。平常工作很认真，早出晚归，也因此很被单位重用，一路提升，担任高级工程师的工作。平时很少与朋友交往，过去家事也全由太太负责。可是现在他退休后，整天在家里，就不知干什么好，时时缠着太太。问问家里的扫把放在哪里，冰箱里摆的什么东西，好像家里多了一个大孩子似的，需要太太的关心。太太本来想专心写一些文稿，赶期交给杂志社登载，因此受不了先生这样的时时打岔。

太太说，家里的空间本来就不够大，从前孩子住的卧室没动，当他们偶尔回家时，还有老卧室可用。家里没有多余的房间，两个大人常坐在客厅，挤在一起，感觉太窄。从前还没退休时，只有周末时两人同时在家，还无所谓；现在天天在一起，挤在同一个屋里，二十四小时都面对面相处就觉得受不了。况且两人面碰面的对坐，也没什么可聊的，就觉得家里多了一个“陌生人”，很难生活在一起。

太太说，把自己的丈夫形容成“陌生人”，有点过分，也不应该；但她说，这就是她目前所感受的处境。过去三十年来，家里有小孩时，虽然很挤，都不知不觉的过去了。跟先生同屋住了好几十年，也没有这种苦闷与烦恼，不知现在这种感觉由何而来，也不知如何是好。

她说上次女儿生小孩时，需要有人帮忙，去女儿家住了一段时间，帮他们看新生的孙子，觉得还蛮好。虽然房间也不多，但并不觉得很挤或苦闷。可是不好意思给女婿与女儿增加麻烦与负担，数周后就回来了。但一回到自己的家，跟老伴在一起，却又马上恢复了那种烦闷的感觉，不知如何是好。

背景分析 这是一对夫妻双双退休后才感到的夫妻相处困难。也是婚姻发展阶段上常见到的毛病。特别是有些夫妻对退休后的生活没有事先的准备，到时候就发生适应上的困难。从前需要生育、养育孩子时，忙于子女的事；未退休时，可专心于工作任务，可是子女离家后，特别是不再工作后，用全部时间来过只有夫妻两个人的生活，有些夫妻间的问题就暴露出来了。再加上从个人的心理发展角度来看，从工作岗位退下来，过私人的生活，也是一件需要适应的事情。这样，“个人”、“婚姻”与“家庭”三方面的发展阶段年的问题先后发生，累积起来就是一个大变化，需要特别费精力去适应，这是常见的婚姻后期的问题。

当然，大部分人都能较容易地胜利走过这一必须经历的人生过程，可是也有一些人却不容易。主要是缺乏事先的考虑与准备，未能适应生活方式的变化。特别是那种过去专心于职业或养育孩子的、没有夫妻婚姻方面的基础可依靠、也没有过“夫妻”两人的私人性及社会性生活的夫妇，不容易面对这种变异的阶段。当然，个人的性格也很有影响。性情上较保守、孤单、固定、不惯于通融与变化的人，亲友少，社交来往不多，各种娱乐少，身体欠佳或有病，不善于走动、参与各种户外活动的人，都会比较困难。辅导上要帮助夫妻去减少或克服这些不足，去适应人生的后段生活。

理疗实况 跟陈太太会谈数次以后，建议也请陈先生一起来。陈先生脸上看来比他的实际年龄还老些，好像受过生活上的折磨。果然，他叙说道：自己在 10 岁时父母就先后离世，由叔叔养育。可是他不愿意给叔叔添加麻烦，18 岁就离开了，在外做苦工，靠自己劳动生活。经过自己的努力，总算念了大学，并靠自己的勤奋，终于有了点成就。由于这样的生长背景，他从小就没有享受过什么娱乐，也少交朋友，更谈不上参加什么社交活动。一辈子只靠努力工作，度过 50 来年的一生。他说他的一辈子就靠努力，也靠幸运，娶了一个贤惠的妻子，由妻子管家、养育子女。可是现在退休后不知如何过日子，看自己的妻子闷闷不乐，也觉得很难过，对不起妻子。看来陈先生也很明智，也了解目前处境的问题。

专家首先安慰他们夫妻，说明这是有些夫妻会遇到的婚姻后期阶段的共性问题，提醒他们以后还有二三十年的余生，要赶快练习适应，不要继续苦闷自己的老年阶段。

有些人到了中年以后，会感到需要有自己的生活空间，不想被人打扰。

具体地说，现在的陈太太希望在家能有点空间与时间从事文稿的写作，弥补她过去教书时未曾做到的事情。在这种情况下，夫妻要协商如何划分时间，以保证自己的生活方式。当陈太太坐在她的桌前，专心于写作时，做丈夫的就要尽量少去打扰她。可是，陈太太同时感到还需要的，是两人要有些话可谈，有些事可双双一起做，夫妻要练习这种夫妇的活动。

对陈先生说来，过去半辈子都只靠勤奋工作来过日子，对退休后的生活没有准备。因此，会谈中，探讨了有哪些事情是陈先生退休后还可以继续做的事。陈太太建议丈夫可以利用自己过去的经验与兴趣，到图书馆去看点书，特别是翻译翻译外来的杂志，以提供国内读者使用。陈先生对此提议感到还有意思，他们决定再买一台电脑，由陈先生专用，这样夫妻可分别从事自己感兴趣的工作。专家得知他们家里还留有两个小孩使用的卧室，提议他们可考虑把这两间卧室改为夫妻各自的书房，彼此可以在自己的书房用功，不会相互打扰。相信孩子们看到父母能把他们原来的卧室如此利用，也一定会高兴的。至于客厅、厨房和卧室仍保留为他们夫妻共同相处与生活的天地。

在此基础上，专家还帮他们研究如何去充实他们“个人”的生活，同时也丰富他们“夫妇”的共同生活。比如，做丈夫的，可以开始练习偶尔去找他自己过去的同事们谈谈聊聊，有点自己的私人朋友。同时，他们夫妇也可以计划一起到外面下馆子吃饭，到公园溜达溜达，或去看看电影，增加生活上的节目，不要整日呆在家里，面对面而苦闷。当然，还可以偶尔去看看他们的儿子、女儿和孙子，扩大他们的来往活动，充实两人可以一起做而感到有兴趣的事。虽然到了中年，性格不能更改，但是生活方式可做若干调整。辅导者提醒他们要趁两个人身体还好，刚刚退休的机会，开始整顿他们的生活方式。将来时日方长，还有数十年，现在开始练习还不算太迟，对将来会很有帮助。他们夫妻经辅导指点，双双都很满意。虽然这些建议都属于常识性的经验，并不需专业的知识，可是需要别人的提醒与具体的辅导；特别是年岁大的人，改变过去的一些行为不容易，要靠别人的适当督促与鼓励，才能逐步改善。

第十章　婚外情问题

平淡无奇的生活日复一日地延续下去，人们就会萌生寻求激情的欲念，出现婚外恋的现象也就不足为奇了。不知是幸运还是不幸，男人在自己的工作单位里，时常会有年轻貌美的女性萦绕左右，对她们的挑逗行为，男人很难无动于衷。

个案十七　丈夫与女同事关系暧昧

真情回放　妻子小芹现年 30 岁，数个月前发现丈夫与最近雇用的女秘书有暧昧关系，不知所措才来看心理医生。她说她跟先生当初是自由恋爱的。先生事业心强，喜欢她的性格开朗，对她很信任。婚后关系一直不错，十年来很少吵架。两人共同经营事业，收入还不错。半年前，因妻子怀孕快生孩子了，请了一位秘书来帮忙。这位女秘书原来是妻子的好朋友，从乡下请来的。刚来时，先生特别照顾她，陪她去找住的地方、上街购买日用品。妻子刚生了孩子，无法一起陪同，也就叫先生多照顾。可是没多久，因工作上的接触，先生对女秘书的关系不寻常起来，常和女秘书加夜班，很晚才回来。有时在家打电话给她，常东聊西扯，谈得很开心。妻子觉得不对，开始跟先生吵起来。最后，先生坦白，说这个家不想放弃，是过去共同辛苦经营过来的；但也不愿意放弃那个女人，说那个女人很懂他的心，也会安慰他。丈夫明明知道妻子不高兴，还是要去做，并要求妻子给他点“自由”，不要总是向他啰嗦，常过问他到哪里去，做什么事。

背景分析 这个个案的婚外情已经进展到丈夫不但已承认、公开化，并且还表白一方面想保留原有的家庭，但也想继续跟对方来往，对两个女人都不放弃，毫无歉意和悔改之意，可说是个难以处理的问题。妻子生产期间雇来自己的“好朋友”，本来想临时弥补自己在事业方面的空缺，却没想到连自己妻子的地位也差点丢掉了。从夫妻两个人的性格来看，丈夫任性自私，不考虑妻子的感情；而相对地，妻子性格温和，不知如何对待不讲理的先生。这种性格上的差距，是施行婚姻治疗上必须考虑的重要因素。另外一点要注意的是医生对“反转移关系”的处理与控制问题。也就是说，对于这样的夫妻，医生很容易同情可怜的妻子，而对其自私的丈夫产生反感。由于这种治疗者私人的反转移关系而带来的情感，往往会让医生去跟妻子联合起来，共同打击丈夫；从而失去中立性的治疗原则，丈夫也就不愿跟妻子一起来看医生，失掉夫妻共同治疗的机会。

专家建议　对于处于这样状态的夫妻，其主要治疗方针要放在如何支持妻子去渡过目前难过的时期，较理智地对待自己的丈夫，跟对方（即自己原来的好朋友、目前的同事，也是丈夫的情妇）去应对；同时希望丈夫能回心转意，把心收回来，保护自己家庭的安定。虽然不鼓励妻子向丈夫去大吵大闹，增加丈夫对妻子负性的看法，尽量表现有理性、大方的风度；但也要帮妻子向丈夫提出时间的限制，要能在三个月内把自己的情感澄清，决定往哪边走，不能任其所欲的无限期拖延。让丈夫醒悟一个人不能同时拥有两者，是要妻子与子女，还是要情妇，两者只能有一个选择。同时可以使用“过桥设境”的技巧，让丈夫去具体地往后推想，假如决定要情妇而不要原有家庭时（包括很理性、体贴的妻子，与可爱的孩子），会面对哪些现实，如：如何分配家庭与事业上的财产、如何向双方家长交代、日后能否跟自己的孩子继续来往，孩了长大后如何向他解释等等。同时可让先生假想，假如妻子有了情夫，但提议要保持情夫，也要原有家庭时，他（做丈夫的）会如何感想等，以提高同理心之作用，认清自己目前的自私。总之，让先生体会发现自己的想法与要求是如何地缺少情理，希望他能有所觉悟。帮他能尽早地做出决定是治疗上的课题之一。不声不响地支持较弱的妻子，去应对较自私的丈夫，是治疗的主要方向。

个案十八　失身而未告诉丈夫

真情回放　32岁的李太太嫁给50多岁的李先生，结婚已经十多年，没生孩子，但夫妻关系还不错。由于李先生近年来身体欠佳，年岁也不小了，办理了半退休，常在家，而太太在一家商店里替40多岁的老板做事。这位老板对李太太有兴趣，半年前，故意找机会，乘打烊后两人留在店里结账时向李太太施暴行。李太太因怕力壮的老板逞凶，不敢反抗，也就顺从了。事情发生后，李太太没报警，也没告诉自己的丈夫。一方面想还要保住这份工作，一方面想，反正已经发生了，就不再声张。过了没多久店里另外一位年轻的女店员总在默默哭泣，后来得知她也被老板侮辱，是使用同样的手法。这时，李太太心里涌上一股怒气。原来老板是沾花惹草的色鬼，对别的女人也动手脚。李太太压抑不住满身的怒气，就联合这位年轻女店员，一起去告老板。虽然官司打赢了，也得了一笔赔偿费，可是另外的问题却发生了。因为打官司后，李先生忽然得知自己的妻子曾被老板强暴，妻子却一直隐瞒着，从来没告诉他。他的心情忽然坏起来，消沉，闷闷不乐，也无法谅解自己的妻子。结果，他们的婚姻关系几乎崩溃。经朋友的劝解，才来看婚姻辅导专家。

背景分析　这是要考虑夫妻两个人的心理，同时要帮助他们改善夫妻关系的个案。从妻子的一方看，要考虑当时妻子没有马上向丈夫报告或状告老板的心理状态。做医生的只能推测几种可能性。最简单的是，女方被施暴后，害羞，怕被人知道，也就一声不响地隐瞒起来。有不少内向胆怯的女人采取这种作法，有的怕受到丈夫的怀疑或责备；有的是需要工作来维持生活，不想丢掉目前这份还算好的工作。最后的一种就是，这位妻子对老板有一些好感，私下里喜欢老板。虽然被强迫发生了关系，但老板解释对她有暗情，也就（乐意）接受已发生的事，不想告诉自己的先生。

至于做丈夫的，自己年纪较大，身体又不好，对年轻的妻子到外面给年轻、体壮、有财力的老板做事，内心里可能早持有不安之感。现在不但发现自己的妻子被老板污辱了，而且一直还隐瞒着，也就增加了许多忧虑，怀疑自己的妻子到底内心存念着什么。无形中印证了自己过去的担忧，更是让他痛苦、沮丧、忧郁。

虽然发生在这对夫妻身上的，不是通常的婚外情，而是一个被第三者强行介入、打击、破坏婚姻关系的例子，但所发生的心理效应与普通的婚外情例子相同，应把微妙的个人内心与复杂的两人关系并行考虑，并做适当的处理与治疗。

专家建议　针对这样的夫妻，婚姻治疗要采取不同的方式，即首先跟丈夫、妻子分别做个人交谈，了解他们各自的内心情况，肯定双方都有意克服外来的挫伤而愿意和好后，再施行夫妻双双的会谈。由于对方老板是沾花惹草的男性，首先提议他们夫妻去做艾滋病的检查，排除患病的可能。

在对夫妻治疗的会谈里，尽量采用“改框重解”的治疗要领，帮他们夫妻往好的方面发展，化解疑惑，维持他们即将破裂的夫妻关系。譬如，向先生说明，有些女性的确怕丈夫反应大，不敢透露被强暴的事情，并没有其他意思；指出妻子是受害人，需要丈夫多谅解和支持。至于妻子则让她知道自己有困难时，要依赖丈夫，做先生的才会高兴。

提议妻子暂时不要到外面去做事，等丈夫的情绪好转后，征得先生的同意，再到外面工作，免得让先生多疑、焦虑。最好两人能一起出去旅行或游乐，共度夫妻和好的时光，恢复两人的情感。

个案十九　叫丈夫与情妇做检讨

真情回放　郭先生和太太两人一起来接受婚姻治疗已有数月。他们结婚十多年，生有一个儿子，家庭生活本来很合意的。郭先生工作很热心、能干，已经当主管，手下有十几个工作人员，蛮有威风的。半年前，单位调来了一位年轻的女职员，对郭先生很欣赏，常找机会要他给予指导，心里想要郭先生给她提拔升级。这位女职员虽然已经结了婚，但是常向郭先生透露婚姻关系不好，遗憾过去未曾遇到像郭先生这么好的男人。经过女方这样下功夫，不知不觉之中，郭先生被她迷上了，常找机会和她约会。

哪知，太太一开始就发现了问题。因为，先生常以工作忙为由晚回家；并且，一回来就说是累了，往床上一倒，就呼呼大睡。由于当时太太的父母从外地来探望，孩子也还小，正在念书，太太不愿把事情闹得叫一家大乱，也就心里忍着。等到父母离开，儿子也到学校住宿以后，才开始采取行动。她每天傍晚就到先生的单位守着，等到先生与该女职员出来后，就偷偷跟踪，如此好几次，做好记录，证实先生的确有暧昧、越轨的行为。这对太太的情绪打击很大。她脑子里想尽了各种应付的计策。到单位去向女职员当面指责破坏家庭，又怕把自己丈夫的名誉弄坏了。有时想当场抓奸，但又怕把事情弄得天翻地覆，上了报纸都没好结果。想去向该女职员的丈夫通报，又怕万一对方先生脾气暴躁，伤害了自己的丈夫。想来想去，甚至想自己也去找个男朋友，报复一下丈夫，但又不知到哪里去找合适的男朋友。这样天天烦恼，夜夜不能入睡，甚至起了杀死丈夫，自己也自杀的念头。搞得精神几乎崩溃。

最后还是采用最简单的办法，直接向丈夫摊牌，说明她已经跟踪了好几次，掌握了证据。连他们幽会的地点与时间都说出来。先生发现被妻子抓到事实，也就干脆承认，并且要求原谅。可是太太还不放心，要先生写保证，检讨自己的过错。可是发现先生写出来的并不真实，认为先生没有认真悔过，气得拿出一把菜刀，要求那个女职员也要写检讨，并且带来家里向她道歉，否则一刀乱砍，不知要杀死谁。在这种威胁下，先生只好答应，按照要求办了。

郭先生写过检讨、要求女职员来家里向妻子道歉以后，心情变得很不好。后悔自己居然做出了这样的事，让多年发妻如此痛苦；同时还让自己的情妇受到妻子辱骂。自己责备自己，心里变得很难过，失去生活的欲望。对于先生这样的忧郁状态，太太认为他心里还偏向情妇，就继续跟他过不去。最后两人都受不了彼此的折磨，被人劝告双双来接受治疗。

背景分析　很清楚，由于太太是个有主张且个性很强的人，先生的婚外情被揭露，非得招供不可。况且丈夫与情妇都被迫做检讨，让太太掌握证据，以后不敢再来往，杜绝了后根。可是太太的强硬手段却带来副作用，让先生无法招架，几近崩溃，只得看病。

理疗实况 由于事情已经发展到这种程度，治疗的重点可尽量放在如何帮双方平静下来，恢复夫妻的感情。但是妻子心理还觉得不平衡，说：“我们家闹得天翻地覆，她的先生还不知道；我应该闹到她的家里去，让他们也闹个大局面”。这时，医生提醒她说：“虽然你心里还憋着一股气，但是那样做，对你们夫妻并没有什么好处。”

刚刚来做夫妻治疗时，郭太太还是一肚子的气。一想到丈夫婚外情的事，就挖苦羞辱他。医生向郭太太指点，说明所发生的事，也许会让她生一辈子气，不容易平复的；但是总是挖苦丈夫也不是办法，那样不仅收不回来他的心，还会伤害他。最好多体谅、宽容些，使事情尽量向好的方面发展，而不要总是去揭对手疮疤。

总之，医生根据需要，要替丈夫说话，帮助他恢复心情，圆满夫妻的关系，希望能把他们夫妻的感情重建起来。

个案二十　与女职员发生情感的丈夫

真情回放 萧先生是位30多岁的公司老板，靠自己的聪明与勤奋，从一家小店开始，不到几年，就扩张成为有规模的小公司，自己还有经理的头衔，手下雇有七八个职员。他来就诊的理由是，他跟自己公司里的一位年轻女职员发生了情感，不知怎么办，心里烦恼，求心理辅导。

根据萧先生所述，他已经结婚快10年了，有个8岁的女儿。由于他是家里的长孙，他年纪还小时，他的祖父做主，给他订了亲。成年后结了婚，婚后夫妻关系平淡，没有什么矛盾，一家三口生活得还算可以。尤其是自己的事业很成功，心里很满意。他的太太在某单位做事，早出晚归，勤于工作。平时在家，很会照顾先生，也会管教女儿，没有什么不满意的事。

问题发生在一年前，他雇用了几位新的职员。其中有位秋小姐，是单身，还没有结婚。秋小姐长得很清秀，性格温柔，也很聪慧，很会办事，逐渐引起萧先生的注意。萧先生特别欣赏她，把公司里重要的事情，常交给她去办。

由于工作上的关系，萧先生跟秋小姐经常接触。无形中，萧先生对秋小姐发生了特殊的感情，只要跟她在一起，就感到心里有说不出的喜悦。有一次，为了公司的要紧事，萧先生周末来公司加班，而秋小姐知道公司的事情需要赶着办，自己就主动加班，一起赶办业务。事情做到傍晚才干完，萧先生觉得很感激，就请秋小姐到外面餐厅吃饭。萧先生得知秋小姐就住在附近，要沿河边的路走回去，觉得晚上女人一个人走不安全，就坚持送秋小姐回家。一路上两人并排走路，并没谈什么特别的事，可是萧先生就觉得好像是跟情人在河旁散步似的，心里很欢喜。

由于秋小姐知道萧先生是结过婚的人，也有美满的家庭，因此，跟萧先生通常的来往始终保持很客气的老板与雇员的关系。两人的谈话也只限于工作上的话题，从不谈什么私人的事情。问题出在萧先生，他开始心里常想念秋小姐，连晚上也做有关她的梦，可说是很迷恋。有时还借口加班，请秋小姐跟他一起工作，下班后每次都走河边送她回去。这样日子一久，萧先生心里开始觉得有点不对。虽然他从没有向秋小姐透露过他内心的情感，也未曾有过躯体的接触，但他觉得好像跟秋小姐是恋爱似的，常盼望跟她在河边一起走走。

开始，萧先生担心跟秋小姐在河边散步，万一被妻子发现怎么办？向妻子如何解释？万一妻子生了气，要求离婚怎么办？这些一连串的问题，缠绕在他的脑海里，变得很苦闷。由于他不想毁掉自己的婚姻及家庭，终于来找心理辅导者帮忙。

背景分析 虽然萧先生跟女雇员的关系表面上说来并不是谈恋爱，也没有肉体的关系，没有演变成平常所说的“婚外情”，可是从心理的角度说来，两个人是无意中发生男女间的情感关系。虽然秋小姐做人很谨慎，从来不跟老板谈私人的事，更谈不上有情感的问题，可是对萧先生的确有好感，喜欢跟他一起工作；可说是“行为上”的表现说明她是喜欢萧先生的，已超出了经理与雇员的寻常关系。

至于萧先生，很明显的是跟秋小姐在“恋爱”，连他心理上都很清楚地意识到这一点。他期望、喜欢跟秋小姐在一起，把这些当成是一种精神享受，已经不是老板与职员的普通关系，是男与女的恋爱关系。严格说来，也就是让第三者进入他的婚姻生活里来，只是停滞于心理的层次而已。因此，他才会担心，万一被自己的配偶发现了，怎么办。

为何会发生这样的婚姻外恋爱？有个理由可推测，即萧先生是从小就被安排跟自己的配偶结婚，没有经历过跟女性恋爱的体验。现在，忽然出现了一位喜欢的女人，好似头次尝到恋爱的滋味，因此，心理上感到兴奋与喜悦，可以说是迟来的情感体验。虽然对自己的配偶从未有不满，但也未曾感到情感上的刺激与兴奋。这次跟秋小姐的接触，好像在弥补他过去未曾有过的男女恋爱似的。

幸好，萧先生有相当的是非之心，也有责任感，想保护自己的婚姻。因此，当他发现自己内心迷恋第三者可能影响到自己的婚姻，心里开始感到不安与忧虑时，便主动来寻求专家帮助。

理疗实况　专家首先夸奖他能及早来治疗，趁事情还没变得无法收拾的境地，就能来想办法处理心理上的问题。根据萧先生的过去史与心态，专家给予解释，萧先生的行为或许与过去没有经过恋爱，对恋爱比较敏感或有想弥补恋爱经历的欲望有关。不管理由是什么，特别指出，虽然许多人心里可能偶尔会想到配偶以外的异性，也可能会有性方面的幻想，可是假如一直是针对一个异性而暗地迷恋，广义上说来也是发生了“心理上”的婚外情；虽然没有言语上的谈情说爱，也没有肉体上的关系，但是实际上在心理上已让第三者进入了自己的情感世界，无形中在影响婚姻的存在与美满。萧先生承认事情的确是如此，并且说出：即使是跟自己的妻子行房事时，心里还想象是在跟秋小姐发生性的关系，总觉得不太对劲，也对妻子不好意思。尤其想到，假如妻子跟自己行房事时，心里常想的却是另外一个男人的话，他会觉得很不高兴。尽管心里知道自己的心理与行为不对，可是却无法摆脱想念秋小姐的心思，也常有一股情绪需要，向往着跟秋小姐在河旁一起散步。所以觉得很矛盾也很苦恼。

根据此情况，专家应与萧先生共同商谈如何去驾驭与控制自己想跟秋小姐接近的情欲。根据行为治疗的原理，每当心里向往跟秋小姐在河旁一起散步时，脑子里就想象刚巧碰到了自己的妻子，或者自己的女儿。萧先生尝试了几次，起初还有点效果，但是，后来试行几次后逐渐觉得抵不过想见秋小姐的冲动与欲望。于是，辅导者则想办法，加强抵制的强度，改而建议当发生想跟秋小姐在河旁散步时，心里就假想自己的妻子也在河旁跟另外一个男人在散步，让心里发生讨厌、不愉快、嫉妒、气愤的情绪反应，让其与想同秋小姐散步的欲望相抵。经过萧先生尝试，这一招数相当有用。他深切地体会自己的欲望与行为，的确会伤害与自己长年一起生活的配偶及家庭。

专家建议　以后萧先生在公司做事时，一定要与秋小姐保持工作关系，尽量避免靠加班或其他理由跟秋小姐的特别接触。要时刻保持克制和理智，而不要靠表面上的借口来欺骗自己，其实这种自欺也是欺人，是对秋小姐的不尊重。特别提醒，不仅要对自己负责，还要替对方着想，假如给对方造成情感上的误会，将会损害对方的将来。

第十一章　民族与涉外问题

严格说来，每对夫妇都有彼此间的差异，婚后都会面临一个相互调节与适应的问题。夫妻之间，只要大体上协调，有点小的差异，可以互相弥补，反而有好处。如果差距很大，就会发生相处上的困难。假如夫妻属于不同的民族或文化背景，有不同的信仰和习俗，有不同的价值观念和民族认同，就可能会带来较大的麻烦，这就需要下功夫去解决。

个案二十一　你不吃猪肉、我不念经的夫妻

真情回放　史威尔与他的太太（史太太）在同一机构里做事。婚前，由于天天见面，相互有好感，偶尔也一起出去游玩。时间一久，就逐渐感情浓厚；因性格相配，有相同的职业背景，两人很谈得来，就考虑结婚的事。他们知道威尔是回族，史太太是汉族，尽管彼此有不同的民族背景与信仰，但他们觉得相互有感情，相信可以克服一切困难。因此，不顾双方父母的意见，终于决定结婚了。

谈婚论嫁一开始，就由于两人的民族背景、生活方式的不同而出现了许多情况，让他们疲于应付。譬如，婚礼的举行方式，

包括是在男方还是女方家举办婚礼，女方要不要送陪嫁的东西，男方要不要给礼金，请哪些亲戚，由谁来主持婚礼，双方家长都有全然不同的意见。他们小两口联合起来，坚持按他们年轻人的方式办好自己的婚礼，采取了一个让双方都可以接受的办法，终于结了婚。

他们住进自己的小公寓，开始夫妇的实际生活以后，又遇到了生活习惯上的许多现实问题。原来威尔从小就依回教的习俗不吃猪肉，连烧过猪肉的锅都不能用来烧他要吃的食物，否则即违反了他应遵守的习俗。可是史太太是汉族，从小就吃猪肉，而且是她主要的肉类食物，她不喜欢吃有特别味道的牛肉或羊肉。针对这个问题，他们想出一个办法，家里买了两套锅，一套用来烧牛肉或羊肉，给威尔食用；史太太使用另外一套锅，烧她喜欢吃的猪肉。虽然麻烦些，可是总算解决了一个生活上的问题。不方便的是，到史太太的娘家，要特别烧一锅牛肉，并提醒哪些菜是用猪肉烧的，不要让威尔吃到。

还有一个麻烦，依回教的规定，威尔要定期在家念经祈祷，早晚三次。可是史太太不习惯这样的宗教仪式，并认为违反她的文化背景，夫妻二人为此都不愉快。

他们的孩子出生以后，又来了一个大麻烦。威尔要依他的民族习惯给孩子起名字、庆祝孩子的诞生。可是，这些习惯不仅跟史太太的生活方式不配，也不被她娘家赞许。为了孩子的事，夫妻有了不同的看法，几乎大闹起来。譬如，小孩能不能吃猪肉，信仰方面怎么办，夫妻不肯相让，成为不易解决的问题。

背景分析 这是不同民族或文化通婚后，需要面对的事实。年轻人常认为男女的事，只要有感情，就没问题。可是这种信仰、价值、习俗是从小就养成的，与深层的情感和感觉有密切的关系，不容易轻易地更改，即使要调节变化也要一段长久的时间。

这种文化上的矛盾，在特殊的节日或场合，或与亲戚和家人相处来往时更为明显。

专家建议　对这对夫妻，要向他们指出，除了这些重要的礼仪场合外，夫妻平常还可以相处，感情也是好的。鼓励他们要继续以相互尊重、相互让步协调的方式去面对彼此的差异，而珍惜他们相似的共同点。帮助他们去认识许多事情是无法划分清楚的，许多时候是可以从中妥协商量的。至于孩子的信仰，不需父母替孩子做硬性的决定，目前让孩子接触各种情况，顺其自然地形成自己的习惯，等到孩子长大以后，由孩子自己去决定、选择。

个案二十二　后悔嫁给美国丈夫的妻子

真情回放　李小姐是 30 多岁的独身女性，大学时专攻英文，毕业后，在一家属于中美合资的公司做事。斯米司先生是 50 岁的美国人，被短期派来公司工作。由于职业上的接触，斯米司先生常约李小姐一起吃饭。不久，斯米司先生就向李小姐求婚，答应婚后带她到美国去生活。对这件婚事，李小姐的母亲开始并不很赞成，想到未来的女婿是外国人，说话都不通；女儿要嫁到远隔重洋的美国，不能常见面，就不很放心。可是斯米司先生每到李小姐的家，就带许多贵重的礼物，送给父母，父母也就对斯米司先生逐步有了好感。特别是当邻居朋友祝贺他们将有个富贵的洋女婿，将来一辈子不用担心穷苦时，他们也喜不自禁。同时想到自己的女儿已经30多岁，过去虽然交过男朋友，都几次告吹，于是便答应了女儿的婚事。结婚时，还特别向亲戚借钱，大办特办酒席，请了好多亲友，替洋女婿捧场。

婚后，李小姐就跟父母道别，在亲友祝福之下，怀着美梦，跟新婚的丈夫飞到美国居住。可是，头一天就发现不太对劲儿。丈夫原来住在一个小公寓，只有两间房子。一个房间还是由斯米司先生22岁的儿子居住。李小姐虽然从大学的英文课程里多少了解一些美国人的习俗，晓得他们容易离婚、再婚，也猜想到自己的丈夫从前可能结过婚，可是却没想到他还跟自己已长大成人的儿子居住在一起。李小姐向丈夫询问以后，丈夫就辩解说她从来没向他问过这些事，也就没提起过。丈夫解释说，儿子最近被解雇，经济状况不好，短时跟父亲住在一起；答应儿子找到工作后，就会叫他搬出去。可是事实上，过了数月，儿子也没有要搬走的迹象。

使李小姐惊讶的还有很多事。她发现丈夫事实上经济状况并不怎么好，毫无储蓄；每个月靠薪水生活，就美国当地的情况比较起来，先生的薪水只是中下水准，并不多，支出与收入常不齐头，有时手头钱紧，无法交公寓租金时，还得临时向银行去贷款，应付过关。从前在中国时，领的是出差费，而且用美元兑换人民币，还可以挥霍，可是在美国用美金支付各项开支，就是另一种情况了，先生的微薄工资要想在这个高消费的社会中生活就必须很节省才行。李小姐还发现自己的丈夫原来是个酒鬼，夜晚常常自己一人喝酒，喝得醉醺醺的，有时第二天早上起不来，就不去上班。实际上家里的不少开支，都花在酒的费用上。李小姐原来向往的美国豪华生活，都变成泡影了。

李小姐发现自己的丈夫娶她并不是真的爱她，只是用她来满足他的虚荣心。因为，他们一起参加朋友的派对，他的许多美国朋友都很羡慕地来问他如何娶到这样年轻漂亮的“东方娃娃”，而让斯米司先生感到很得意。李小姐觉得她是丈夫的装饰花瓶，供他人看的。事实上斯米司先生年纪大，加之长期酗酒的关系，患有阳痿，夫妻间很少有房事。

自从来到美国以后，由于怕自己的父母伤心，李小姐在信里都不敢向父母提及自己婚姻不愉快的情况，更不敢提起跟这样的丈夫结婚是结错了。她后悔当初没好好听父母的劝告。虽然心情不好，可是在美国举目无亲，没有一个朋友可以倾诉，心里一直很苦闷。

这次发生问题的导火线是因为李小姐向丈夫要钱。原来结婚以后，李小姐的父母曾经来过几封信。除了关心女儿在美国生活如何以外，也提起父亲身体欠佳的事，需要一点钱去看病治疗。斯米司先生开头还可以，给她一笔钱款，让李小姐汇回家。可是这次家里又来信，说叔叔得了癌症，需要开刀，缺少钱，请李小姐的先生帮忙。李小姐心里着急，向丈夫提起，可是丈夫就乘酒醉大发起脾气，很凶地骂她，说他娶的只是她一人，不是她的全家人，对她的叔叔或哪个贪心的中国人，他不会管。李小姐一辈子都从没被人这样臭骂过，特别是作为中国人被辱骂，更是伤心。她受不了这种侮辱，就很冲动地从公寓跑出去，半夜里在街道旁哭泣，想撞车死掉。终于被路人发现，叫了警察把她送来急诊处。

背景分析　首先要提到的是男女双方的结婚动机。李小姐说得对，她的先生娶她，并不是为了娶个有深厚感情的对象作为妻子，而是要娶个漂亮可爱的“东方娃娃”供他炫耀。斯米司先生不考虑自己的年岁，也不管有文化差异，娶个年轻的异族女人，帮他来掩盖自己已是五十多的中老年人。反过来说，李小姐嫁给这个丈夫，也有媚外的心理，觉得嫁给美国人，可以过奢侈的生活。反正自己交过几次男朋友，都没成功，自己也已三十多岁，也就不太顾忌，也不听父母的劝告，就仓促决定跟一个认识没多久的外国人，一个可作自己父亲的那么老的对象结婚。当然，李小姐的父母以为将有“金龟婿”，把原先的犹豫也就抛弃了。总之，双方都不是为了喜爱的对象而结婚，而是为了结婚以外的理由而结婚。埋下了婚姻不会成功的潜在原因。

再者，由于是不同的民族与文化背景的关系，一开始就有许多问题。虽然李小姐在大学时，知道一点有关美国的事，可是毕竟没在美国实际生活过，对美国的生活习俗与观念根本不了解。再加上语言的限制，有些事不知如何问，也不知如何打听。斯米司先生年纪不小了，过去是否结过婚，再婚过没有，跟前妻为什么而分离，目前是否还有来往，保持何种关系，这些都是美国人在跟异性朋友交往、决定结婚前会向对方询问的问题。可是，根据东方人的习俗，觉得女孩子不该开口打听对方这些私人的事，李小姐从未开口问，斯米司先生这个人很不诚实，也就没告诉她，让她到美国后才惊讶地发现许多问题。

李小姐的父母亲按照东方人的想法，家里有经济问题时，向“金龟婿”开口要钱帮忙是合情合理的事。没想到老美的想法是不相同的。他们认为个人就是个人，家人就是家人，要分清楚。他娶的是一个人，不是李小姐的全家族。这是两个文化上不同的观点。不了解这点，就觉得这个丈夫（或女婿）太没人情。特别是把个人的事推广到整个民族身上来，骂她是贪心的中国人，民族意识被侮辱，就很受不了。

一般说来，假如是美国人的话，根据斯米司先生住的是小公寓，领的是普通薪水，就容易看得出并且判断他只不过是个中下阶层的普通人。可是不熟悉美国情况的中国人，看他在中国“很挥霍”，就误认为他是很富有的美国人，由于文化与地域的隔阂，没办法做客观与确实的判断。再者，假如是美国人的话，看斯米司先生患酒精瘾，常不上班，就会知道他是一个不考虑将来的中老年男人。女人通常就不会交有这种危险信号的对象，更不会跟这种没有希望的男人结婚的。可是李小姐看他比中国男人还对女人体贴、有礼貌，就认为是理想的对象了。总之，民族与文化的隔阂增加了这些无知，也让李小姐陷入了困难重重的婚姻问题。

专家建议　由于李小姐处于国外举目无亲的境地，又是处于受了严重情感打击而情绪很不好的情况下，应首先给予支持，答应提供所需的帮助，以便能度过目前最困难的一段时间。等到李小姐的情绪稳定后，再跟斯米司先生会谈，了解整体情况以后帮助她确定处理问题的方向。

专家向李小姐解释，根据美国一般的情况，已届中老年而常年喝酒的斯米司先生即使接受治疗，成功戒酒的可能性也很小。由于酒精的问题会直接地影响他们的婚姻状况，夫妻关系改善的机会不大。必要时，李小姐要考虑离婚的可能性，以免一直陷入困难的境地。在美国，离婚后再婚的很多，况且李小姐还年轻，将来找个好对象再婚的可能性很大。建议目前要想办法自己去找个工作，可以经济上独立，不用依靠丈夫，使自己的生活有个保障。

总之，一个人在哪个社会里生活，就应用哪个社会所认同的方式去处理发生的问题，并尽量争取当地社会所能提供的帮助来应付当前的困难。

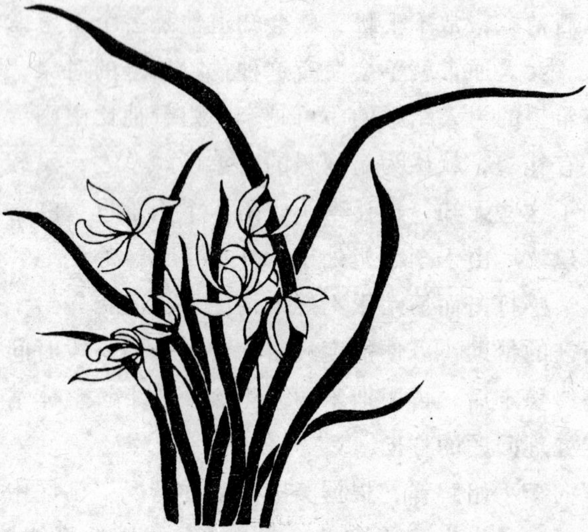